高职高专规划教材

企业文化
第二版

曲伟 编

化学工业出版社
·北京·

《企业文化》以职业能力为核心，设计与工作内容相一致的课程学习情境。各学习情境包括"学习目标、任务描述、案例、知识链接、成果评价、拓展任务、拓展项目、测试、思考与练习"等项目，突显了项目教学、任务驱动、校企合作、课程思政等教学改革特点。

本书内容选取依据是以就业为导向，以企业文化活动为主要载体，以完整的学习情境为行动体系，教学内容和实施过程由浅入深，充分体现教、学、做结合，理论与实践一体化的理念，旨在培养学生正确理解企业文化的能力、对企业文化进行分析的能力和初步进行企业文化建设的能力。

本书有配套的电子教案和课件，请发电子邮件至 cipedu@163.com 获取，或登录 www.cipedu.com.cn 免费下载。

本书可作为高职高专学生职业素质课程教材，也可作为企事业单位的培训教材。

图书在版编目（CIP）数据

企业文化/曲伟编. —2版. —北京：化学工业出版社，2021.7
高职高专规划教材
ISBN 978-7-122-39206-0

Ⅰ.①企… Ⅱ.①曲… Ⅲ.①企业文化-高等职业教育-教材 Ⅳ.①F272-05

中国版本图书馆 CIP 数据核字（2021）第 096843 号

责任编辑：高　钰　　　　　　　　　　　文字编辑：李　曦
责任校对：边　涛　　　　　　　　　　　装帧设计：刘丽华

出版发行：化学工业出版社（北京市东城区青年湖南街13号　邮政编码100011）
印　　装：北京建宏印刷有限公司
787mm×1092mm　1/16　印张 10¼　字数 227 千字　2021年9月北京第2版第1次印刷

购书咨询：010-64518888　　　　　　　　　　　售后服务：010-64518899
网　　址：http://www.cip.com.cn
凡购买本书，如有缺损质量问题，本社销售中心负责调换。

定　价：32.00元　　　　　　　　　　　　　　　　　　　　　版权所有　违者必究

前言

企业文化是一个全新的企业管理理论,它是继古典管理理论(又称科学管理)、行为科学管理理论、丛林学派管理理论(又称管理科学)之后,世界企业管理史上出现的第四个管理阶段的理论,也称世界企业管理史上的"第四次管理革命"。

中国的企业文化大致经历了简单商品经济的萌芽、近代民族资本主义阶段的孕育与诞生、新中国社会主义建设初期的变革更新、改革开放初期的唤醒振兴、社会主义市场经济时期的创新发展、21世纪的与时俱进和中国特色社会主义新时代的历史性升华等发展阶段。其基本特点和规律是:作为我国先进生产力和生产关系代表的工人阶级是中国企业文化诞生的基础,以爱国主义为核心的民族精神是中国企业文化生生不息、奋进崛起的源泉,中国共产党的先进思想和中华民族的优秀传统文化是中国企业文化创新发展的灵魂和基因。

本书自第一版出版以来,被国内许多高校选定为相关课程教材,获得授课教师和学生的一致认可。2021年年初,编者结合当前中国企业文化理论创新和实践进展修订了本书,增加了讲述企业文化故事、聚焦企业文化热点等篇章,对企业文化进行与时俱进的充实、拓展、提升和创新,更好地服务于广大读者。

本书编写主要特色如下:

1. 职业性

本书编写从企业需求出发,紧扣专业人才培养目标,基于工作过程,设计学习性工作任务;根据学生所应掌握的相关知识要素、能力要素和素质要求,以职业能力为核心,设计与工作内容相一致的课程学习情境。内容充分体现教、学、做结合,理论与实践一体化的理念,任务布置、组织实施等教学环节设计充分体现职业性、实践性的要求,为学生毕业后成功地走上社会、参加企业经营管理实践打下基础。

2. 创新性

本书将传统的学科体系课程中的知识、内容转化为学习情境和相应的教学项目,各学习情境包括"学习目标、任务描述、案例、知识链接、成果评价、拓展任务、拓展项目、测试、思考与练习"等项目,突显了项目教学、任务驱动、校企合作、课程思政等教学改革特点。内容选取依据是以就业为导向,不断满足企业对专业人才在知识、能力和职业素质上的要求;教学实施过程由浅入深,使学生掌握企业文化知识,具有知识内化、迁移和继续学习的基本能力。

本教材配有电子教案、教学课件和扩展阅读指导篇目等教学资源,可以发电子邮件至 cipedu@163.com 获取,或者登录 www.cipedu.com.cn 免费下载。

编者在编写过程中,参阅了大量书刊和相关论著,并吸取了其中的最新研究成果和有益经验,恕不一一注释,在此谨向原作者致以衷心感谢!特别应该提到的是,在本书编写过程中得到了辽宁石化职业技术学院领导、同仁,以及中国石油锦州石化公司企业文化处工作人员的鼎力支持,在此一并表示感谢!

由于时间紧迫,水平有限,书中难免存在一些不足和缺点,恳请广大读者不吝批评指正,以利将来不断修订和完善!

编　者

2021 年 5 月

目录

学习情境一　讲述企业文化故事	1
学习目标	1
任务描述	1
案例	1
知识链接	2
一、企业文化名言	2
二、理论知识	3
组织实施	8
成果评价	8
拓展任务	8
拓展项目	8
测试	9
思考与练习	10

学习情境二　调研企业物质文化	11
学习目标	11
任务描述	11
案例	11
知识链接	13
一、企业文化名言	13
二、理论知识	14
（一）企业物质文化的概念和内容	14
（二）企业进行物质文化建设时应遵循的原则	16
组织实施	17
成果评价	17
拓展任务	18
拓展项目	18
测试	18
思考与练习	19

学习情境三　学唱企业歌曲	20
学习目标	20
任务描述	20
案例	20
知识链接	22
一、企业文化名言	22
二、理论知识	22
（一）企业歌曲概述	22
（二）企业歌曲的学唱	23
（三）企业歌曲的创作	24
组织实施	25
成果评价	25
拓展任务	26
拓展项目	26
测试	26
思考与练习	28

学习情境四　设计企业广告 ········· 29

学习目标 ········· 29
任务描述 ········· 29
案例 ········· 29
知识链接 ········· 31
一、企业文化名言 ········· 31
二、理论知识 ········· 31
　　（一）广告文化概述 ········· 31
　　（二）广告文案的撰写 ········· 34
组织实施 ········· 37
成果评价 ········· 37
拓展任务 ········· 37
拓展项目 ········· 37
测试 ········· 38
思考与练习 ········· 38

学习情境五　竞聘班组长 ········· 39

学习目标 ········· 39
任务描述 ········· 39
案例 ········· 39
知识链接 ········· 41
一、企业文化名言 ········· 41
二、理论知识 ········· 41
　　（一）班组长概述 ········· 42
　　（二）班组建设 ········· 44
　　（三）班组文化建设的内容 ········· 45
组织实施 ········· 47
成果评价 ········· 47
拓展任务 ········· 47
拓展项目 ········· 47
测试 ········· 48
思考与练习 ········· 48

学习情境六　企业安全事故成因专题研讨 ········· 49

学习目标 ········· 49
任务描述 ········· 49
案例 ········· 49
知识链接 ········· 52
一、企业文化名言 ········· 52
二、理论知识 ········· 52
　　（一）安全管理 ········· 52
　　（二）安全检查 ········· 54
　　（三）事故原因分析 ········· 55
组织实施 ········· 56
成果评价 ········· 57
拓展任务 ········· 57
拓展项目 ········· 57
测试 ········· 57
思考与练习 ········· 58

学习情境七　"有规矩能否成方圆"企业制度文化主题辩论 ········· 59

学习目标 ········· 59
任务描述 ········· 59
案例 ········· 59
知识链接 ········· 62
一、企业文化名言 ········· 62
二、理论知识 ········· 62
　　（一）企业制度文化 ········· 62
　　（二）企业制度文化建设 ········· 64
组织实施 ········· 65
成果评价 ········· 66
拓展任务 ········· 66
拓展项目 ········· 66
测试 ········· 66
思考与练习 ········· 67

学习情境八 扮演职场角色 ... 68

学习目标 ... 68	（二）企业行为文化分类 ... 72
任务描述 ... 68	组织实施 ... 74
案例 ... 68	成果评价 ... 74
知识链接 ... 71	拓展任务 ... 75
一、企业文化名言 ... 71	拓展项目 ... 75
二、理论知识 ... 71	测试 ... 75
（一）企业行为文化概述 ... 72	思考与练习 ... 76

学习情境九 "学习企业模范人物"主题演讲 ... 77

学习目标 ... 77	组织实施 ... 82
任务描述 ... 77	成果评价 ... 82
案例 ... 77	拓展任务 ... 82
知识链接 ... 80	拓展项目 ... 83
一、企业文化名言 ... 80	测试 ... 83
二、理论知识 ... 80	思考与练习 ... 83

学习情境十 策划企业文化活动 ... 84

学习目标 ... 84	（三）企业文化活动策划步骤 ... 89
任务描述 ... 84	组织实施 ... 89
案例 ... 84	成果评价 ... 90
知识链接 ... 87	拓展任务 ... 90
一、企业文化名言 ... 87	拓展项目 ... 90
二、理论知识 ... 87	测试 ... 90
（一）企业文化策划的内涵 ... 87	思考与练习 ... 91
（二）企业文化策划的方式 ... 88	

学习情境十一 "铁人"电影观后感 ... 92

学习目标 ... 92	（三）企业精神的表达原则、主要表述方式和命名方式 ... 97
任务描述 ... 92	
案例 ... 92	组织实施 ... 99
知识链接 ... 94	成果评价 ... 99
一、企业文化名言 ... 94	拓展任务 ... 100
二、理论知识 ... 95	拓展项目 ... 100
（一）企业精神的内涵与意义 ... 95	测试 ... 100
（二）企业精神的作用和特征 ... 95	思考与练习 ... 101

学习情境十二　建立企业理念体系·················102

　　学习目标··················102
　　任务描述··················102
　案例······················102
　知识链接···················104
　一、企业文化名言·············104
　二、理论知识················104
　　（一）企业理念的内涵········104
　　（二）企业理念设计··········105
　组织实施···················112
　成果评价···················112
　拓展任务···················112
　拓展项目···················112
　测试······················113
　思考与练习·················115

学习情境十三　企业道德案例评析·················116

　学习目标···················116
　任务描述···················116
　案例······················116
　知识链接···················119
　一、企业文化名言·············119
　二、理论知识················119
　　（一）企业道德的含义和特征···119
　　（二）企业道德的效能与建设···119
　　（三）企业道德的培育········122
　组织实施···················122
　成果评价···················123
　拓展任务···················123
　拓展项目···················123
　测试······················123
　思考与练习·················126

学习情境十四　聚焦企业文化热点·················127

　学习目标···················127
　任务描述···················127
　案例······················127
　知识链接···················129
　一、企业文化名言·············129
　二、理论知识················129
　组织实施···················132
　成果评价···················132
　拓展任务···················132
　拓展项目···················133
　测试······················133
　思考与练习·················134

学习情境测试题参考答案··························135
附录1　关于加强中央企业企业文化建设的指导意见·······143
附录2　XX电子设备公司企业文化量表·················149
附录3　海尔、联想、TCL企业文化对比表···············152
参考文献·····················154

学习情境一

讲述企业文化故事

学习目标

① 掌握企业文化的概念和内容。
② 了解企业文化的功能。
③ 具有解析企业文化层次结构的能力。
④ 培养学生对企业文化的兴趣。
⑤ 激发学生参与企业文化建设的热情。

任务描述

人类能胜出其他动物的秘诀是大规模合作,而大规模合作的基础就是个体共同相信的故事、规则,也就是文化。今天,我们将举办一次企业文化故事会,每名同学讲述一个你喜欢的企业文化故事,从故事中感知企业文化的现状,理解企业文化的结构和功能,共同走进企业文化的乐园。

案例

京东的诚信价值观

刘强东曾说:有人问我,如果用一个字概括,把京东数万名员工凝聚起来的特质是什么,我的答案是——"正"。京东的"正"首先是从第一天开始我们就坚持卖正品行货。卖正品肯定比卖假货更有尊严。但如果光卖正品,员工要钱没钱,迟早也得散伙,所以京东对外正,对内也得正。

从第一天开始，京东就坚持给所有员工包括配送人员足额缴纳五险一金。很多企业为了少花钱，不是直接跟员工签合同，而是通过第三方劳务派遣公司来签合同，这样一来，企业就等于将包袱甩给了员工，员工只能拿到工资而没有五险一金，但是京东坚持跟所有员工都直接签合同。京东过去没找，现在没找，以后也不会找任何一家劳务派遣公司来做这件事情。

有了正品行货、五险一金的"正"，就能让员工觉得这个事业是有尊严、有前途的，就愿意在这儿干。

内部整合不仅仅是让人愿意干，还要有一个怎么干的问题。做企业，总会遇到两难的选择，如果你说东我说西，你说撵狗我说赶鸡，这活就没法干。

2010年年底，刘强东在宿迁出差。时任老虎基金中国区总裁的陈小红因为投资问题与刘强东进行了电话沟通，双方在电话中将价格谈妥了。结果合同还没签，另外两家来自香港和上海的基金负责人也相继赶到了宿迁，把合同捧到了刘强东面前。当时刘强东面临的情况是：只要签了字，价格就会比老虎基金给出的高30%。京东的首席财务官和刘强东的助理都在刘强东身边，他们看着刘强东，问他该如何处理，刘强东当时反问他们："我们京东的价值观第一点是什么？"他们回答得很干脆："诚信。"刘强东说："是啊，既然我们将诚信放到了如此高的位置，那么必然不可能在答应了老虎基金之后，再和其他基金合作。别说价格上涨了30%，就是上涨300%，我也不可能同意。"

事后有人问刘强东是否后悔，这30%可意味着1亿多元人民币。刘强东说："绝不会有丝毫后悔，虽然只是口头协议，但也毕竟是协议，是一种商业行为，而商业行为则必讲诚信。

"这是京东和我能够长期在商界走下去的基石，没有它也就没有现在的京东。所以，我非但不会后悔，反而还会长期坚持，无论遇到什么困难。"

案例分析

知乎上有个调查，买东西你为什么上京东？围观群众纷纷表示看中了京东的这四点：

一是京东上正品的概率大；

二是快；

三是开发票；

四是退换货方便。

这个调查结果使我们明白，京东不仅仅一直坚持这四点并且将其发展成自己的竞争优势，更主要的是因为京东将诚信放到了最高的位置，而且融入日常的经营和行动中，这就是京东公司得以生存和快速发展的基础。诚信永远是最首要的一条准则。诚信意味着遵纪守法，更主要的是履行自己的承诺和达成的协议，这不仅是字面上的而且是精神上的。但它不仅仅是指守法，它存在于我们生活和工作的核心部分。

知识链接

一、企业文化名言

一家企业没有可信的文化氛围正如一个人没有思想中心，会很难获得成功。身为企业领导人要非常相信自己的企业文化，并以身作则，同时有相应的执行力度。——陈翼良

世界上那些著名的长寿公司都有一个共同特征——有一套坚持不懈的核心价值观，有其独特的、不断丰富和发展的优秀企业文化体系。——陈春花

关于发展，三流企业靠生产，二流企业靠营销，一流企业靠文化。——于光远

二、理论知识

1. 企业文化的内涵

（1）企业的含义

企业是实行自主经营、自负盈亏、利用社会资源从事生产和经营活动的、具有独立法人资格的经济组织，它同时具有物质属性和精神文化属性。国际上通常把企业分为个人业主制企业、合伙制企业和公司制企业三类。按照经济类型，分为国有企业，集体所有制企业，私营企业，股份制企业，联营企业，外商投资企业，股份合作企业以及港、澳、台投资企业等。

（2）文化的含义

在甲骨文中，"文"和"化"都是与人有关的象形字。"文"字突出人的胸部，表明人与动物的区别在于心胸。"化"是两个背靠背的人，表明人与人必须依靠。"文化"是人类特有的现象，换言之，一切人类的特有的现象都可以谓之"文化"。精神性的因素（心胸）和社会性的因素（互相依靠）是其最重要的内容。

（3）企业文化的含义

企业文化，或称组织文化（Corporate Culture 或 Organizational Culture），是一个组织由其价值观、信念、仪式、符号、处事方式等组成的特有的文化形象，简单而言，就是企业在日常运行中所表现出的各个方面。

企业文化是在一定的条件下，企业生产经营和管理活动中所创造的具有该企业特色的精神财富和物质形态。它包括企业愿景、文化观念、价值观念、企业精神、道德规范、行为准则、历史传统、企业制度、文化环境、企业产品等。其中价值观是企业文化的核心。

企业文化是企业中的人类现象，它必然受到社会文化、历史文化，包括地域文化、民族文化等的制约和影响。它主要表现的是企业中的精神状况、精神面貌以及企业中人和人的关系，其中精神因素最核心的是满足什么和追求什么，即价值观问题；人和人关系中最核心问题是凝聚力和向心力问题。它是一种经营文化，它一定同企业的生存发展相联系，因此一定同盈利的要求相联系。它作为一种亚文化，必须同社会文化相融，否则，它就会被社会排斥，它就难以生存。它是自然生成和人为努力两种情况的结合。企业文化既是稳定的，又是可变的，既有先进的，又有落后的；企业文化不仅有可能，而且是必要的。

2. 企业文化的结构

企业文化的结构，一般是指企业文化由表及里、由显现到内核的构成方式，具体包括以下4个层次：

第一层是表层的物质文化；

第二层是幔层的（或称浅层的）行为文化；

第三层是中层的制度文化；

第四层是核心层的精神文化。

在企业文化的结构中，企业精神文化最重要，它决定和制约着企业文化的其他层次；企业物质文化是企业精神文化在企业实践中的具体体现，企业制度文化是企业精神文化的基础和载体。

(1) 企业物质文化

企业物质文化又称企业文化的物质层，它是由企业员工创造的产品和各种物质设施等构成的器物文化，是一种以物质形态为主要研究对象的表层企业文化。其内容主要包括企业标识、企业环境和建筑物、企业的产品和生产资料等。企业标识是企业文化的可视性象征，充分体现企业的文化个性。企业环境和建筑物是企业进行生产经营活动的物质基础，是形成企业物质文化的保证，也是企业形象与经营实力的一种外在表现，是企业物质文化的重要组成部分。企业的产品和生产资料是企业生产经营的成果，是企业物质文化的主要内容。

(2) 企业行为文化

企业行为文化又称企业文化的行为层，它是指企业员工在生产经营、学习娱乐中产生的活动文化。其内容主要包括企业经营、教育宣传、人际关系活动、文娱体育活动中产生的文化现象。它是企业经营作风、精神面貌、人际关系的动态体现，也是企业精神、企业价值观的折射。企业行为中又包括企业家的行为、企业模范人物的行为、企业员工的行为等。企业家是企业文化建设的第一主体，企业家是企业文化生成的关键因素，企业家对企业文化有控制力，企业家决定着企业文化的生命。企业模范人物是企业的中坚力量，他们的行为在整个企业行为中占有重要的地位。在具有优秀企业文化的企业中，最受人敬重的是那些集中体现了企业价值观的企业模范人物。企业员工是企业的主体，企业员工的群体行为决定着企业整体的精神风貌和企业文明的程度。

(3) 企业制度文化

企业制度文化又称企业文化的制度层，它是具有本企业文化特色的各种规章制度、道德规范和员工行为准则的总称。其内容主要包括企业领导体制、企业组织机构和企业管理制度三个方面。企业领导体制是企业领导方式、领导结构、领导制度的总称，其中主要是领导制度。企业领导体制是企业制度文化的核心内容。卓越的企业家应当善于建立统一、协调、通畅的企业制度文化，特别是统一、协调、通畅的企业领导体制。企业组织机构是企业文化的载体，包括正式组织机构和非正式组织机构。影响企业组织机构的不仅有企业制度文化中的领导体制，而且，企业文化中的企业环境、企业目标、企业生产技术及企业员工的思想文化素质等也是重要因素。组织机构形式的选择，必须有利于企业目标的实现。企业管理制度是企业为求得最大效益，在生产管理实践活动中制定的各种带有强制性的义务，并能保障一定权利的各项规定或条例，包括企业的人事制度、生产管理制度、民主管理制度等一切规章制度。企业管理制度是实现企业目标的有力措施和手段。

(4) 企业精神文化

企业精神文化又称企业文化的理念层，是企业文化的核心层，它是用以指导企业开展生产经营活动的各种行为规范、群体意识和价值观念，是以企业精神为核心的价值体系。其内容主要包括企业精神、企业价值观、企业经营哲学和企业道德4个方面。企业精神文化是企业意识形态的总和，是企业物质文化、行为文化、制度文化的升华，是企业的上层建筑。相对于企业物质文化、企业行为文化和企业制度文化来说，企业精神文化是一种更深层次的文化现象，在整个企业文化系统中，它处于核心地位。而且企业精神文化不像企业物质文化、企业行为文化、企业制度文化那样，可以在一定条件下立竿见影、说到做到，所以它的塑造也相当复杂，需要各种因素的互补。企业精神文化是企业员工通过长期的生产经营活动才得以逐步建立的，需要社会的文化环境和舆论导向配合。企业精神文化最能体现一个企业的精华，它深深"内化"于企业员工的心中，并且通过一定的文化仪式和文化网络得以保留和发展，因此是群体文化心理的长期"积淀"。企业精神文化往往可供企业员工共享，它是一种超个性的群体意识，其价值具有更广泛、更深刻、更长远的社会意义。

3. 企业文化的功能

企业文化作为一种理性的和自觉的文化，具有其特定的功能。所谓企业文化的功能是指企业文化发生作用的能力。企业文化的理论和实践都证明，企业文化成为现代企业的必备要素，是因为它有着不可替代的强大功能，构成了企业生存和发展的软实力。

（1）导向功能

企业文化的导向功能是指企业文化能对企业整体和企业员工的价值取向及行为取向起导向作用，使之符合企业使命或企业目标。企业文化集中反映企业员工共同的价值观念、理想信念和利益，将人们的事业心和成功的欲望转化成具体的目标、信条和行为准则，形成企业员工的精神支柱和精神动力，引导着企业及其员工朝着既定的发展目标前进，对企业中的每一个人都具有一种无形的巨大感召力。

企业文化的导向功能具体体现在以下几方面。

① 经营哲学和价值观念的指导。经营哲学决定了企业经营的思维方式和处理问题的法则，这些方式和法则指导经营者进行正确的决策，指导员工采用科学的方法从事生产经营活动。企业共同的价值观念规定了企业的价值取向，使员工对事物的评判形成共识，有着共同的价值目标，企业的领导和员工为着他们所认定的价值目标去行动。一个企业的企业文化一旦形成，它就建立起自身系统的价值和规范标准，对企业成员个体思想和企业整体的价值、行为取向发挥导向作用。美国学者托马斯·彼得斯和小罗伯特·沃特曼在《寻求优势——美国最成功公司的经验》一书中指出："我们研究的所有优秀公司都很清楚他们主张什么，并认真地建立和形成了公司的价值准则。事实上，如果一个公司缺乏明确的价值准则或价值观念不正确，我们则怀疑它是否有可能获得经营上的成功。"

② 企业目标的指引。企业目标代表着企业发展的方向，没有正确的目标就等于迷失了方向。优秀的企业文化会从实际出发，以科学的态度去制定企业的发展目标，这种目标一定具有可行性和科学性。企业员工就是在这一目标的指导下从事生产经营活动。

③ 建立企业的规章制度。正如特雷斯·迪尔和阿伦·肯尼迪在《企业文化——现代企业的精神支柱》一书中反复强调："我们认为人员是公司最伟大的资源，管理的方法不是直接用电脑报表，而是经由文化暗示，强有力的文化是引导行为的有力工具，它帮助员工做到最好。"

（2）凝聚功能

企业文化的凝聚功能是指企业文化具有使企业员工通过共同价值观、精神理念凝聚在一起，产生一种强大的向心力和凝聚力，形成一种"强力黏合剂"，发挥企业巨大的整体效应。正如日本索尼公司创始人盛田昭夫所言："对于日本最成功的企业来说，根本就不存在什么诀窍和保密的公式。没有一个理论计划或者政府的政策会使一个企业成功，但是，人本身却可以做到这一点。一个日本公司最重要的使命，是培养公司和雇员之间的良好关系，在公司中创造一种家庭式的情感，即经理人员同所有雇员同甘苦、共命运的情感。在日本最成功的公司是那些通过努力与所有雇员建立一种共命运的情感的公司。"

企业文化的凝聚功能具体体现在以下几方面。

① 价值凝聚：通过共同的价值观，使组织内部存在共同的利益，从而聚合员工为实现共同理想而奋斗。

② 目标凝聚：突出、集中、明确、具体的企业目标，旗帜鲜明地向员工和外界宣布企业群体行为的重大意义，为员工指明前进的方向，从而形成强大的凝聚力、向心力。

③ 排外作用：对组织以外的文化的排斥，使员工对群体产生依赖，在对外竞争中形成命运共同体。

（3）激励功能

企业文化的激励功能是指企业文化以人为中心，形成一种人人受重视、人人受尊重的文化氛围，以激励企业员工的士气，使员工自觉地为企业而奋斗。企业文化对企业员工不仅有一种"无形的精神约束力"，而且还有一种"无形的精神驱动力"。这是因为，企业文化使企业员工懂得了他所在企业存在的社会意义，看到了他作为企业一员的意义和自己生活的意义，从而产生一种崇高的使命感，以高昂的士气，自觉地为社会、为企业、为实现自己的人生价值而勤奋地工作。

企业文化的激励功能具体体现在以下几个方面。

① 企业价值观的激励作用。企业价值观把企业所有员工的个性价值观整合为企业的共同价值观，对于原本就认同企业价值观的员工会产生巨大的激励作用，对于个性价值观与企业价值观不同的员工也会产生巨大的同化作用。企业价值观的这种激励作用能够把个人的利益与企业的整体利益统一起来，提高员工绩效。

② 企业精神的激励作用。企业精神的激励作用有三方面，即信任激励、使命感激励和意志力激励。所谓信任激励，即企业精神能使员工对企业目标产生坚定的信心和执着的追求，只有使员工感到上级对他们的信任，才能最大限度地发挥他们的聪明才智；所谓使命感激励，即企业精神能强化员工的责任感和使命感，激励员工为此付出努力；所谓意志力激励，即企业精神能使员工形成克服困难去实现企业目标的坚强意志力。

③ 企业伦理道德的激励作用。企业伦理道德是指企业内部调整员工与员工、员工与企业、企业与企业之间关系的行为准则，是企业文化的重要组成部分。它以正义和非正义、公正与偏私、善与恶、诚实与虚伪等原则为标准来评价员工行为，对员工产生约束作用。这种激励作用是巨大的，主要是负激励，起着软约束的作用。

④ 企业文化物质层的激励作用。良好的企业形象能提高员工的社会地位和社会声誉，能使员工产生成就感、自豪感，强化他们对企业的忠诚度，同时也体现和强化了企业价值观、企业精神、企业伦理道德等精神层的激励作用，提高了员工绩效。此外，良好的物质层也能够使员工工作时有安全感和舒适感，激发员工的向心力。

⑤ 关心的激励作用。企业各级主管应了解其下属的家庭和思想情况，帮助他们解决工作和生活上的困难，使员工对企业产生依赖感，充分感受到企业的温暖，从而为企业尽力尽职。

（4）约束和规范功能

企业文化的约束和规范功能是指企业文化对每个企业成员的思想和行为具有约束和规范作

用。企业文化的约束和规范功能是通过企业的基本价值观和行为规范来实现的。企业的基本价值观构成了企业成员无形的、理性的软约束，行为规范构成了企业成员的有形的硬约束。在企业文化建设中形成的一种非行政、非经济的心理约束氛围，以"看不见的手"操纵着企业的管理行为和实务活动，能增强经济、行政手段制约功能。企业依靠管理规范、服务规范和各种规章制度以行政命令的手段约束员工行为属于企业制度文化建设的范畴，而价值观、道德观、行为准则对员工行为的约束规范，往往比正式的硬性规定有着更强大的控制力和持久力。

企业文化的约束和规范功能具体体现在以下几个方面：

① 能将对员工的心理约束和对工作的约束一致起来，建设一支具有统一的价值观念、遵纪守法的员工队伍，既发挥员工的主体作用，又使每一个员工懂得自己的工作任务、目标、职责，并按照这些要求驾驭管理各种要素，尽职尽责地完成本职工作。

② 能使自我约束与强制约束结合起来。企业文化群体意识、社会舆论、共同的习俗和风尚等精神文化内容，会造成使个体行为转化为群体行为的强大的心理压力和动力，使企业成员产生心理共鸣，继而达到行为的自我控制。这种自我管理的意识和能力与规范化的工作纪律、规章制度、管理秩序等相匹配，推进员工理想目标的实现。

③ 能使软约束和硬约束结合起来。除企业结构、技术管理属于硬管理外，系统、网络、策略和共同价值观等均属于软管理。只有软管理强化，才能加强硬管理。如果软管理软弱，硬管理是难以成立的，就是把硬管理加强起来，也难以持久。

④ 能使事前、事中、事后的约束相结合，三者约束，环环紧扣。企业文化中长期形成的群体观念和道德行为准则，不断地向个人价值观渗透和内化，对员工起着潜移默化的作用，可以使员工不良行为得到自我约束，即使发生，也比较容易纠正。企业的共同信念、基本价值观、行为规范能够使员工心灵深处形成定式，构造出积极的应答机制，一旦外部有信号诱导，应答机制就会发生作用而迅速响应，从而产生预期的行为。而且软约束可以缓冲约束对员工的心理冲击，排解治与被治的冲突，削弱逆反心理，从而使员工的行为趋近于组织目标。企业的基本价值观、行为规范等组织文化因素一旦深入人心，就会产生一种潜移默化的作用，员工会恪守组织的基本价值观，以一种本能来实践、履行企业的行为规范，并且检点警示自我、反省审视自我。

（5）辐射和穿透功能

企业文化的辐射和穿透功能是指企业通过各种渠道，在输出产品、服务、公关和广告的同时，也传播着企业文化，在公众心目中树立起企业的形象。企业文化像一团活性"酵母"，更像一种热力强大的"辐射源"，不仅对企业内部有着重要的影响作用，而且对企业外部，乃至整个社会都产生着巨大的辐射和扩散作用。企业文化塑造着企业的形象。优良的企业形象是企业成功的标志，包括两个方面：一是内部形象，它可以激发企业员工在本企业的自豪感、责任感和崇尚心理；二是外部形象，它能够更深刻地反映出该企业文化的特点及内涵。商品的文化含量越大、文化附加值越高，它的辐射和穿透能力就越强。

企业文化的辐射和穿透功能具体体现在以下几方面：

① 企业文化影响着社会文化。企业文化与社会文化紧密相连，它源于社会文化又区别于

社会文化；在受社会文化影响的同时，也潜移默化地影响着社会文化，并对社会产生一种感应作用，影响社会、服务社会，成为社会改良的一个重要途径。"企业文化对社会文化的辐射作用，使之成为整个社会文化的生长点和支撑点。"同时，由于企业的生产经营活动是社会最基本的经济活动，支撑着社会的运行和发展，从而使企业文化对整个社会的所有领域、每个成员都产生潜移默化而又极为重要的影响。

② 企业文化通过企业精神、价值观、伦理道德向社会扩散，与社会产生某种共识，并为其他企业或组织所借鉴、学习和采纳。

③ 企业文化通过员工的思想行为所体现的企业精神和价值观，向社会传播和扩散企业文化。

④ 企业文化是提高企业核心竞争力的内在需要。随着经济全球化加深和知识经济兴起，当今世界企业之间的竞争，已经从产品、服务方面的竞争，不断向技术、管理、资本、人才等领域延伸，并正在快速向企业文化这个制高点挺进，文化力已经成为企业核心竞争力的重要组成部分。

组织实施

① 组织学生设计故事会方案；
② 组织学生利用网络和视频资料或者实地搜集企业文化故事；
③ 讲述企业文化故事。

成果评价

评分标准（总分10分）
① 故事内容：要求主题突出、鲜明，健康向上，能使学生从中受到教育。（4分）
② 表达能力：使用普通话，口齿清晰，表达流畅，要求脱稿。（3分）
③ 表演技能：表演生动，富于吸引力，感情充沛，精神饱满，配有适当的动作手势。（2分）
④ 仪表形象：仪表整齐，仪态大方，体态自然，上下场致意、答谢。（1分）

拓展任务

① 画一幅企业文化结构图。
② 结合实际谈谈当代大学生如何践行社会主义核心价值观。
③ 查找一家优秀企业文化案例。

拓展项目

翻转扑克牌

规则：终点有从A到K的13张扑克牌，它们分别代表1~13。扑克牌背面朝上，全部铺开摆成不规则的形状，不能两张或者两张以上的扑克牌重叠在一起。每队排成一路纵队以接力的形式到达指定区域，从小到大翻牌。

要求：

① 每次只能动一张牌，翻对了打开，翻错了扣回去，翻完后返回，并与下一名击掌然后排到队伍的末端，下一名击掌后出发继续翻。

② 牌的位置不可以改变，只可以翻过来或者扣回去。

③ 不可以用手机拍照或者有其他任何形式的记录。

④ 如果前一名翻错了没有扣回去下一名则需要纠错，纠错后便没有了翻牌机会。

⑤ 哪组率先翻转完所有牌即为获胜。

测试

你的核心价值观到底是什么

一个人内心深处的价值观到底是什么？

有的人最向往健康的生活和美满的家庭，"爱"和"健康"一定是他们的核心价值观；有的人很喜欢一切有创造力的事物，比如 Rose，我自己，总想突破已有的框架，发现全新的天地，那么"创新""活力"是我特别珍视的。崇尚无拘无束的生活方式的人以"自由"为核心价值观。而对于爱美胜于一切的人士来说，"美"才是他们心中的第一。

美好的价值观有很多种："善良""诚信""勇敢""快乐""自由""勤奋""和谐""平等""创造力""慷慨""正直"等等，这些价值观人人赞同，但哪一项才是你个人安身立命的所在呢？

在这里，我们不妨用以下这个方法，来测试自己核心的价值观到底是什么。

首先，将上面描述价值的词汇，以及你可以想到的或认同的词汇写在一张张独立小卡片上。

然后，从中选出自己认为最不应该抛弃的几种价值观。

再往下，你从选出的几种价值观中放弃一种对你自己来说不那么重要的。

然后再用同样的方式从剩下的价值观中放弃一种……

最后，你一定会发现，当自己手中只剩下三四张小卡片时，无论放弃哪一张都是那么困难，以致必须要忍受内心的痛苦挣扎……

这是一个著名的心理学实验，它表明，每个人心中都有一些自己最珍惜、最难以割舍的原则或理念。看看你手中最后所剩的几张卡片，写在上面的就是你的核心价值观，是你的心灵栖息、安身立命之所在。

总而言之，我们的价值观，就像经济学家亚当·斯密所说的"看不见的手"，它在不知不觉中就决定了我们选择以什么样的方式度过一生。了解自己，发现自己，都说最难认识的人是自己，我们就应该好好去认知自己，从而做出改变，按照我们希望的样子来雕琢自己未来的模样。

思考与练习

① 如何理解企业文化的内涵?
② 举例说明企业文化的功能。
③ 企业文化各个层次包括哪些具体内容?
④ 青岛啤酒企业文化的核心价值观是什么?
⑤ 华为的企业文化由哪几个层次构成?

学习情境二

调研企业物质文化

学习目标

① 掌握企业物质文化的概念和内容。
② 了解企业的标识、环境和产品中所蕴含的企业文化。
③ 具有分析和建设企业物质文化的能力。
④ 培养学生树立企业和自身良好形象的意识。
⑤ 培养学生在学习研究中的创新意识和探索精神。

任务描述

选一家公司,对其物质文化进行调研,了解其物质文化的现状,对其物质文化进行分析,并提出建设性意见,写一份完整的企业物质文化的调研报告。

案例

广东某企业集团公司化工厂的物质文化建设

广东某企业集团公司化工厂 1991 年 1 月成立,是国有广东某企业集团公司下属全资企业,位于广东省某县。从事化工产品生产、销售、开发,主要产品和规模为:

① 工业硫酸:15 万吨/年;
② 发烟硫酸:1.5 万吨/年;

③ 普通过磷酸钙：20 万吨/年（含稀土磷肥）。

广东某企业集团公司化工厂从硫铁矿加工制硫酸开始，逐步发展成具有相当规模和集多产品系列的产销与开发于一身，经过近 20 年的发展，在广东省同行业中有较大影响，特别是在工业硫酸、农用肥料方面。

随着市场的国际化，特别是中国加入 WTO 后，大批国外知名企业蜂拥而至，化工厂感觉到了空前压力。在企业内部，多年的经营模式越来越难以适应市场的快速变化。化工厂要想在市场经济大潮中获得持久深层的发展动力，在激烈的市场竞争中立于不败之地，必须具有符合时代要求和本企业特色的文化作为支撑。故此公司果断决定，聘请专业企业文化顾问机构，公司成立了以总经理为首，各部门主要负责人参与的企业文化小组，在 2005 年年初对企业文化现状进行系统诊断分析，全面塑造化工厂核心竞争力的企业文化。

1. 物质文化建设方面的分析诊断

企业物质文化是由企业员工创造的产品和物质设施等构成的一种表层的文化。它包括企业的厂容厂貌、生产生活环境、办公设施、文化设施、产品、企业标识、企业广告、包装设计等，是企业员工的理想、价值观、精神面貌的具体反映，集中体现了一个企业在社会中的外在形象，是社会对企业做总体评价的起点。

随着全球发展，环境、安全的重要意义在理论和观念上已得到了充分重视，在实践上，环境、安全文化建设应成为企业文化建设的重要部分，可持续发展应成为企业发展最重要的依据。

企业文化小组结合化工厂的特点和实际情况，进行物质形象的诊断、定位、策划和塑造。经过员工调查、同行业比较以及行业发展趋势等判断，小组认为在物质层面上，公司的标识、环境、纪念物等尚未成为统一的企业文化的物质载体，如：

① 没有明确的公司标识、标准字、标准色，特别是公司各种标牌、厂牌等颜色混乱，厂名等字体无特色且使用随意，部门牌、会议牌、公告栏等部分部门使用不统一。

② 公司无统一工作服，无徽章、胸卡等。

③ 建筑外观格调不统一。虽然工厂周边风景如画，但工厂内部风景，如花、草等未与工厂建筑统一规划设计，松于护理，偶尔请外面人员进行不定时护理。部分风景脏污严重，部分花草残缺。

④ 不同车间厂房色调、内部布置不统一。室内装修由于时间甚至时代不同，差异很大。

⑤ 基本无产品品质文化，只有带有浓厚计划经济时代特征的一些标准。像"团结、务实、奉献""爱厂如家"等。

⑥ 办公用品，如名片、信封、信纸、便笺待重新统一设计。公司过节等赠品基本直接外购，无公司宣传标识、理念等。

⑦ 文化交流网络不够健全，没有内部交流刊物；公司局域网的利用效率低。

⑧ 只是参加展会等宣传，但都是临时找外部广告公司设计，基本无太固定的格式，无统一对外宣传负责部门，每次展会前都是各部门临时抽调人员。

⑨ 公司的货车、班车以及公司小车车体外观基本无标识等宣传，少数货车喷有公司名称，但各不相同。

2. 企业物质文化的建设

按照公司 CI 规划的要求，结合现场 5S 的管理，对厂房、办公区、生活区进行全方位覆盖，以形成整洁、统一、美观、易于识别的企业外部形象。

总经理把全方位改善环境作为企业改善整体形象的重要措施。并指出 5S 管理不只限于生产现场，而是全公司范围，同时结合 CIS 进行贯彻。公司一方面狠抓生产环境和工作环境的治理，另一方面对厂区环境和 CRS 环境也进行了美化设计和实施。新建自行车棚 5 个，种植草坪 1 万多平方米，拆掉围栏、绿篱 3600 米，完成自动喷灌 4000 平方米。新建了公司东南门。6 个厂房进行了不同程度的维修和改造，对 8 个厂房更换了铝窗。新栽各种名贵树木和花卉数千棵，铺板石甬路 280 平方米。以开展质量文化活动为契机，大力加强质量文化建设。统一规范展示质量文化体系的内容，质量文化氛围得到了进一步的加强。

公司请专业设计公司对公司 LOGO 进行了重新修整，形成了对内对外一致的风格，员工统一工作服装，佩戴公司胸卡。

公司对办公用品，如名片、信封、信纸、便笺，包括赠品，进行了专业设计。

建立《员工之家》月刊，每月定时对员工收集意见、建议等，公司局域网设立员工留言板，对员工意见进行收集。

公司逐步加大物质设施、文化设施的投入，不断改善工作、生活娱乐环境。结合公司员工的兴趣和爱好，积极开展书法、绘画、摄影、歌舞等员工喜闻乐见的文化活动，开展各种有意义的庆典活动，如厂庆、升旗等。寓思想教育于各类活动之中，使广大员工在活动中陶冶情操、增长知识、凝聚人心、鼓舞士气，增强企业的凝聚力、向心力和归属感。

通过两年多的努力，化工厂在企业物质文化建设方面取得了可喜成果。通过对企业文化的整体策划，使企业形象更加鲜明，使人、物、场所达到了较佳的组合，反映了现代企业的视觉形象，产品相应提升了设计品位，使化工产品认知度在行业内有了很大提高，一些国际知名公司都纷纷与之合作。各类标识清晰。现场管理实现了标准化、制度化，促进、保证了产品实物质量提高，使公司质量指标达到了较高的水平。公司的环境有了整体的改观，使员工的整体管理水平又上了一个新的台阶。

3. 案例分析

广东某企业集团公司化工厂认识到了在竞争激烈的市场形势下，企业文化建设的重要性。聘请专业企业文化顾问机构，成立了以总经理为首，各部门主要负责人参与的企业文化小组，对企业物质文化现状进行了系统诊断分析，并全面进行了整改建设，形成了整洁、统一、美观、易于识别的企业外部形象，为全面塑造化工厂核心竞争力的企业文化奠定了坚实的基础。

知识链接

一、企业文化名言

世界上一切资源都可能枯竭，只有一种资源可以生生不息，那就是文化。——任正非

一个没有自己文化的企业，只能侥幸发展，绝不会长久。企业的产品卖得再火，钞票进

得再猛，如果始终建立不起能够凝聚人心的企业文化，就永远像行尸走肉在市场上瞎闯，迟早要被激烈的竞争所淘汰。——张瑞敏

文化是无形的，物质财富是有形的，但这种有形却正生于无形。科技会成为历史，产品会成为文物，店铺会成为遗迹，唯有文化可以流芳百世，历久弥新。——丁远峙

企业文化是企业发展的内在原动力，是企业参与市场的核心竞争力之一。

二、理论知识

物质文化是企业文化的基础和载体。通过企业建筑、办公室设置、空间安排、企业旗帜、服装、歌曲、文化体育设施、产品和服务等方方面面的物质表现手段，默默散发着企业文化的"信号"和"气息"，从而营造出一个企业独有的文化空间和氛围。

（一）企业物质文化的概念和内容

企业的物质文化即企业文化的物质层，是指由企业职工创造的产品和各种物质设施等构成的器物文化，是一种以物质形态为主要研究对象的表层企业文化。

企业物质文化的内容包括企业标识、企业环境和建筑物、企业的产品和生产资料。

1. 企业标识

（1）企业名称

企业名称一般由专用名称和通用名称两部分构成。前者用来区别同类企业，后者说明企业的行业或产品归属。名称不仅是一个称呼，一个符号，还体现企业在公众中的形象。企业名称可以由国别、地名、人名、品名、产品功效等形式来命名，同时还应考虑艺术性，应当尽可能运用寓意、象征等艺术手法。如"海尔"就有深刻的文化内涵。海尔，引进德国利勃海尔电冰箱生产技术，是开放的产物，走向世界的标志，含有开放性、全球化的价值理念。"海尔"谐音"孩儿"，充满生机与活力。海尔大楼前有孩童塑像，形象地体现了海尔前程远大、活力无限的价值理念。"海尔"是"海啊"。张瑞敏说："海尔是海！"奔向蔚蓝色是人类20世纪的呼唤，21世纪的行动。近年海尔从家电产业走向金融，从中国走向世界，就体现了这种精神。

构成企业名称的四项基本要素：行政区划、字号、行业或者经营特点、组织形式。行政区划是指县以上行政区划的名称，企业名称一般应冠以企业所在地行政区划名。字号是构成企业名称的核心要素，应当由两个或两个以上的汉字组成。企业名称是某一企业区别于其他企业或其他社会组织的标志，而企业名称的这一标志作用主要是通过字号体现的。企业应根据自己的经营范围、经营方式确定名称中的行业或者经营特点字词，以具体反映企业生产、经营、服务的范围、方式或特点。企业应当根据其组织结构或者责任形式，在企业名称中标明组织形式。企业名称中标明的组织形式，应当符合国家法律、法规的规定。

（2）企业标志

企业标志是通过造型简单、意义明确的统一标准的视觉符号，将经营理念、企业文化、经营内容、企业规模、产品特性等要素，传递给社会公众，使之识别和认同企业的图案和文字。标准字指企业名称标准字体、产品名称标准字体和其他专用字体，包括品牌标准字和企业名称标准字。标准色是企业根据自身特点选定的某一色彩或某一组色彩，用来表明企业实

体及其存在的意义。企业必须规定出企业用色标准，使企业标志、名称等色彩实现统一和保持一贯，以达到企业形象和视觉识别的目的。标准色的选择依据以反映企业的经营理念、经营战略，表现企业文化、企业形象为主，还要根据不同消费者的心理感受以及年龄、不同企业、行业特点、颜色的含义及其视觉性来确定。吉祥物是利用人物、植物、动物等为基本素材，通过夸张、变形、拟人、幽默等手法塑造出一个亲切可爱的形象。吉祥物往往根据需要设计不同的表情、不同的姿势、不同的动作，较之严肃庄重的标志、标准字更富弹性、更生动、更富人情味，也更能达到过目不忘的效果。

2. 企业环境和建筑物

（1）企业环境

① 工作环境：工作环境的构成因素很多，主要包括两部分内容：一是物理环境，包括视觉环境、温湿环境、嗅觉环境、营销装饰环境等；二是人文环境，主要内容有领导作用、精神风貌、合作氛围、竞争环境等。创造一个良好的企业内部环境不仅能保证员工身心健康，还是树立良好企业形象的重要方面，企业要尽力营造一个干净、整洁、独特、积极向上、团结互助的内部环境，这是企业展示给社会公众的第一印象。企业生产环境的优劣，直接影响企业员工的工作效率和情绪。整齐、整洁的工作环境，容易吸引顾客，让顾客心情舒畅；同时，由于口碑相传，企业会成为其他公司的学习榜样，从而能大大提高企业的声望。

② 生活环境：企业的生活环境包括企业员工的居住、休息、娱乐等客观条件和服务设施，企业员工本身及其子女的学习条件。这些方面的好坏也会影响企业员工的工作热情和工作质量。因此，优化企业生产环境的同时，要注重优化企业的生活环境，包括改善企业员工的居住、休息、娱乐等条件和相关服务设施，为企业员工本身及其子女提供良好的学习条件，使职工免去后顾之忧，从而更加专注于工作中。

（2）企业的建筑物

建筑是人类较重要的文化现象之一。一定时期的建筑总是反映出一定时期的文化内涵，作为企业建筑同样也必须反映出企业文化的内涵。

一个企业要形成具有个性的、强势的企业文化体系需要一个长期的过程。这个过程就是要将企业的核心价值观通过各种途径在员工中进行宣传，使员工由内心逐渐接受进而融入企业文化的塑造中。这种传播的途径大多是由上而下的传播，包括听觉、视觉，它是多方位的、长时间的渗透过程。企业建筑物毫无疑问是传播企业精神文化的主要载体，它要为员工创造一种工作的氛围，在这种氛围里，员工每时每刻都能感受到企业文化的价值内涵。在"建筑综合环境效应"下，对员工的心理和生理起到影响作用，使员工在不知不觉中接纳了企业的精神理念。所以，建筑与文化，这两者之间的联系有异曲同工之妙。可以说，自从有了文化（企业文化），建筑（企业建筑）就与之有了密不可分的联系，一定时期的建筑肯定是反映了一定时期的文化，而一个企业的建筑也肯定需要反映出其企业文化的深刻内涵。

3. 企业的产品和生产资料

（1）企业的产品

① 产品的概念。现代产品的整体概念由核心产品、形式产品和附加产品三个基本层次组成。a. 核心产品，是指产品的实质层，它为顾客提供最基本的效用和利益。消费者或用户购

买某种产品绝不仅是为获得构成某种产品的各种构成材料,而是为了满足某种特定的需要。b. 形式产品,是指产品的形式层,较产品实质层具有更广泛的内容。它是目标市场消费者对某一需求的特定满足形式。产品形式一般通过不同的侧面反映出来。形式产品向人们展示的是核心产品的外部特征,它能满足同类消费者的不同要求。c. 附加产品,是指产品的扩展层,即产品的各种附加利益的总和。它包括各种售后服务,如提供产品的安装、维修、送货、技术培训等。

② 产品是企业信息的综合体现。企业把科技、生产、工艺、材料、市场促销、媒体传播、经济、社会、人文等多种学科的互动与协调物化为产品。就是说,作为一个出产品的企业,在其产品上会给人们提供一种综合的、全方位的信息。

通过该企业的产品,人们可以了解其科学合理的企业管理、严格的质量管理、创新的设计理念、精湛的工艺技术、高效的生产管理、完善的售后服务、高超的促销手段、吸引消费者的魅力等。产品折射出多种信息,从而营造出脍炙人口的品牌,进一步塑造了企业形象。因此,企业形象最终是体现在它的产品上的,所有的软件资源都体现在产品这个实实在在的硬件上,与其说消费者在消费该产品,不如说在消费信息,消费上述的种种软件资源。

(2) 企业的生产资料

企业生产资料是企业直接生产力的实体,是企业进行生产经营活动的物质基础,是人类文明进化程度的标志,是社会进步程度的指示器。其包括建筑物、机器工具、设备设施和原料燃料等,这些生产资料的使用状况往往折射出管理理念和企业的价值观。企业就是凭借先进的技术、设备,使劳动对象达到预期的目标,为社会生产出质优、价廉的产品,创造优质的物质文化。

(二) 企业进行物质文化建设时应遵循的原则

物质文化建设既要符合自身的客观实际,又要跟上时代前进的步伐。时代不同,人们的价值观念和消费需求也有所不同。为了适应当今人们的心理变化,企业在进行物质文化建设时应遵循以下原则。

1. 品质文化原则

品质文化原则,即强调品牌质量。品牌质量包含品牌本身的质量和品牌体现的质量两个方面的内容,是二者的有机结合。品牌本身的质量即品牌代表的产品的质量,品牌体现的质量是指消费者心中感受到的质量。其中产品质量是品牌质量的基础和前提,消费者心中感受到的质量是对品牌质量的提升和深化。因此,提高品牌质量既要提高产品质量,又要提高品牌体现的质量。在保证产品高品质的同时,还必须下功夫提高消费者对品牌的认知度和忠诚度,强化品牌认同,丰富品牌联想,使品牌在消费者心中树立起完美的形象,只有这样,品牌质量才有保障。

品牌竞争是市场竞争的高级形式,而品牌竞争的实质是品牌质量的竞争。质量是品牌的基石,也是品牌的生命。持续稳定的质量是维持品牌信誉和建设品牌物质文化的根本保证。

2. 技术审美原则

社会经济的发展加快了消费审美的步伐,而科学技术的进步又为提高产品的审美功能提供了可能。于是一场以审美为追求的生产经营革命便悄然来临。正如一位经济学家所言:世界已进入追求美的时代,经济学产生了让位于美学的趋势。可以说,现代产品都是科技与美学相结合的成果。任何一件技术产品，其存在的唯一根据就是具备效用性和审美性的统一。从这个意义上说，品牌文化与产品美学是相互渗透、相互融合的。

产品的审美价值是由产品的内形式和外形式两部分构成的，其中外形式的审美价值具有特别重要的意义。审美功能要求产品的外在形式在具备效用功能的同时，还需具备使人赏心悦目、精神舒畅的形式美。审美功能的表层意义是技术美的可感形态的直观显现，它体现了人们追求精神自由的愿望；审美功能的深层意义则体现出人们对技术美的本质追求——实现人在自然面前的物质和精神的双重解放和自由。

3. 顾客愉悦原则

品牌物质文化的建设要有助于增进消费者愉快的情绪体验，而这种情绪体验的强弱取决于品牌能否满足以及在多大程度上满足消费者的各种心理需求，如追求时尚流行、便利高效、舒适享受，显示地位、威望，突出个性特征等。消费者买到了称心如意的商品，受到了热情周到的服务，这时的情绪体验即愉快。比如消费者购物时，宽敞明亮的大厅，五光十色、琳琅满目、新款漂亮、高质量、高品位的商品，营业人员不俗的仪表、优雅的谈吐和热情周到的服务等，都能引起消费者良好的心境、愉快的情绪体验，使他们产生良好的第一印象，从而产生惠顾心理。

从品牌文化的视野看，产品不仅意味着一个物质实体，还意味着顾客购买它所期望的产品中包含的使用价值、审美价值、心理需求等一系列利益的满足。具体地说，顾客愉悦原则主要包括品质满意、价格满意、态度满意和时间满意。

4. 优化组合原则

企业物质条件的存在与组合包含着一定的客观规律，对这些规律的认识、把握和提炼就成为品牌物质文化的一部分。进行品牌物质文化建设必须遵从这些规律，实现对各种自然资源的科学配置和合理利用。如果违背其中的客观规律，非但不能建设优良的物质文化，还会使物质条件显得不协调、不美观，有时会造成资源浪费，甚至出现各种事故。

5. 环境保护原则

企业的生产经营要有利于保护人类赖以生存的自然环境，维持生态平衡，减少和避免对自然资源的过度消耗与浪费，实现永续发展。随着世界环保运动的兴起，企业的环保意识日益增强。有的企业已把保护自然资源和生态环境视为己任，只生产无公害、无污染、不含添加剂、包装易处理的绿色商品，尽量减少和禁止污染物的排放。一个过度消费资源与破坏环境的企业，不会在消费者中间树立起良好口碑，因为品牌物质文化必然包含着有利于人类自身健康与发展的文化。

组织实施

① 组织学生设计调研方案；
② 组织学生利用网络和视频资料或者实地对某石化公司的物质文化进行调研；
③ 撰写调研报告；
④ 汇报调研报告。

成果评价

评分标准（总分 10 分）

① 调研报告主题鲜明，内容翔实，语言流畅，数据可信，可通过报告全面了解所调研企业的物质文化。（3分）

② 调研报告撰写格式规范、字迹端正。（2分）

③ 可充分体现学生在企业物质文化调研活动中的创造性思维能力，如在调研活动中产生的设想、计划以及在调研中遇到的问题和解决后的感受、得出有参考价值和借鉴意义的结论等。（3分）

④ 能根据自身实际情况，结合自身的特长和发展要求，阐述出个人在调研活动中的所见、所闻、所感、所思等深刻体会，有独到的见解。（2分）

拓展任务

① 比较中国石油天然气集团公司、中国石油化工集团公司和中国海洋石油集团总公司的标识在图形、字体、色彩和寓意上的不同。

比较三个企业在图形、字体、色彩和寓意上的不同，如下表。

企业名称	图形	字体	色彩	寓意
中国石油天然气集团公司				
中国石油化工集团公司				
中国海洋石油集团总公司				

② 为你自己创建的公司起一个富有文化内涵的名称。

③ 为你自己创建的公司或某一企业设计一个企业标识。

拓展项目

集体造句

规则：分成若干小组，每一小组第一位组员准备好一支笔和一张空白纸，游戏开始后，每一小组第一位组员随意在纸上写一个字，然后将笔和纸传给第二人，第二人按要求写完一个字后交给第三位组员……直到组成一个句子。

要求：如果到排尾句子没有结束则排尾的组员将句子写完整，写完后将所造的句子高举起来，最后以句子通顺并先举起造好句子的小组为胜。

测试

别人眼中的你

① 你何时感觉最好？

A. 早晨　　　　　B. 下午及傍晚　　　　　C. 夜里

② 你走路时是：

A. 大步快走　　　　　　　　　　　　B. 小步快走
C. 不快，仰着头面对着前方　　　　　D. 不快，低着头
E. 很慢

③ 和人说话时，你：

A. 手臂交叠站着　　　　B. 双手紧握着　　　　C. 一只手或两手放在臀部
D. 碰着或推着与你说话的人
E. 玩着你的耳朵、摸着你的下巴或用手整理头发

④ 坐着休息时，你：

A. 两膝盖并拢　　　B. 两腿交叉　　　C. 两腿伸直　　　D. 一腿蜷在身下

⑤ 碰到你感到发笑的事时，你的反应是：

A. 大笑　　　　　　　　　　　　　　B. 笑着，但不大声
C. 轻声地咯咯地笑　　　　　　　　　D. 羞怯地微笑

⑥ 当你去一个派对或社交场合时，你会：

A. 很大声地入场以引起注意　　　　　B. 安静地入场，找你认识的人
C. 非常安静地入场，尽量保持不被注意

⑦ 当你非常专心工作时，有人打断你，你会：

A. 欢迎他　　　　B. 感到非常恼怒　　　　C. 在 A 和 B 之间

⑧ 下列颜色中，你最喜欢哪种？

A. 红色或橘色　　B. 黑色　　　　C. 黄色或浅蓝色　　D. 绿色
E. 深蓝色或紫色　F. 白色　　　　G. 棕色或灰色

⑨ 临入睡的前几分钟，你在床上的姿势是：

A. 仰躺，伸直　　B. 俯躺，伸直　　C. 侧躺，微蜷
D. 头睡在一侧手臂上 E. 被盖过头

⑩ 你经常梦到你在：

A. 落下　　　　　B. 打架或挣扎　　C. 找东西或人　　D. 飞或漂浮
E. 你平时不做梦　F. 你的梦都是愉快的

做完了题目，将所有分数相加，得出自己的分数，根据分数进行分析。

思考与练习

① 谈谈企业物质文化对企业的重要性。
② 举例说明企业物质文化建设的原则。
③ 对你毕业之后想去就业企业的名称、建筑或者标志等的文化元素进行一下解读。
④ 为某一企业设计一份企业物质文化建设方案。
⑤ 分析海尔集团的建筑物所蕴含的企业文化。

学习情境三

学唱企业歌曲

学习目标

① 掌握企业歌曲的概念和内容。
② 认识企业歌曲在企业文化建设中的重要作用。
③ 学唱企业歌曲，领会企业歌曲中蕴含的企业文化。
④ 了解企业文化，进行企业歌曲的创作。
⑤ 培养学生的企业主人意识和实干精神、团结协作精神。

任务描述

学习演唱《我为祖国献石油》，小组选指挥，撰写歌曲朗诵词，小组合唱排练，参加合唱比赛，畅谈学唱歌曲的感受。

案例

《我为祖国献石油》

案例分析

《我为祖国献石油》是一首歌唱石油工人的歌曲，薛柱国作词，秦咏诚作曲，刘秉义原唱，把石油工人气壮山河的豪迈气概表达得淋漓尽致。在石油工业发展进程中，这首歌曲已成为石油工人心灵的写照，激励着一代代石油人，投身祖国石油工业建设，用天不怕、地不怕的壮志豪情，谱写出一曲曲撼天地、泣鬼神的感人乐章。

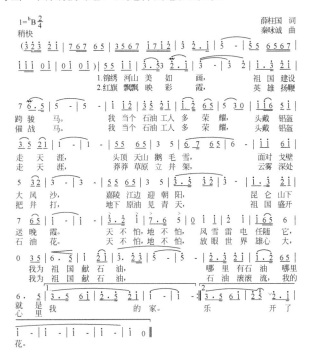

《我为祖国献石油》歌曲的创作背景

1964年3月19日晚，秦咏诚和李劫夫登上了去哈尔滨的火车。在火车上，秦咏诚终于提出了自己的疑问："我们去的萨尔图是什么地方？"劫夫悄悄地告诉他："萨尔图是个大油田，叫大庆油田，现在还保密呢！"一晚上秦咏诚都在想这个神秘的地方到底是什么样的。

从到大庆的第二天开始，他们每天上午上大课讲石油的知识，从勘探、钻井到采油、炼油，一天一个内容。整整十天，他们这些对石油工业一无所知的音乐人，总算对石油有了初步的了解，可以向外行人说上一二了。十天后，大庆党委给他们安排下基层体验生活，劫夫、王莘和秦咏诚被安排在1205钻井队，也就是"王铁人"（王进喜）为队长的钻井队。1205钻井队是大庆油田的英雄钻井队，为开发大庆油田，在极其困难的情况下，打出了第一口井。

他们在1205"铁人"钻井队待了三天，满载着对石油工人的敬意回到了招待所。秦咏诚回想着在井场见到的一幕幕：简陋的设备、恶劣的气候条件、艰辛的劳动、高昂的情绪、冲天的干劲，一切的不可能在这里成为可能，他们背井离乡就是为了给新中国创造一个传奇，创造一个属于自己的石油王国。

第二天，大庆党委宣传部拿来一摞歌词，希望经过体验生活的作曲家们能为石油工人谱曲。当老作曲家选完歌词后，秦咏诚也去翻了翻。翻来翻去，翻出了薛柱国写的《我为祖国献石油》歌词，他越看越喜欢，脑海里出现了"铁人"钻井队从玉门北上的情景，这正是对这些可爱的石油工人的诠释，他们离妻别子，转战南北不就是为了为祖国献石油吗？歌曲应是列车奔驰的、勇往直前的快速节奏，旋律应是石油工人豪迈、有力的情绪。秦咏诚越想越激动，若干个音符已经在脑海里跳动，有一种呼之欲出的感觉，得赶紧找个地方把它写出来。这天下午，他在招待所的饭堂里，用了20分钟就把这首歌完成了。

《我为祖国献石油》这首歌之所以能传唱至今，秦咏诚认为原因在于它"唱出了石油工人的豪情与帅气"，更重要的是"这首歌唱出了大家的爱国之情，唱出了人人心中那份难以割舍的民族自豪感"！

知识链接

一、企业文化名言

让企业文化插上音乐的翅膀。

企业之歌，发端于企业，传唱于企业，折射的是企业经营理念，表达的是一种企业精神，烙下的是企业发展的轨迹。

企业歌曲既是企业文化建设的成果和产物，也是企业文化建设的重要载体和媒介。

企业歌曲是企业文化的重要组成部分，同时也是传播企业文化理念、弘扬企业精神的重要形式。

企业歌曲中包含了很强烈的企业物质文化内容，是企业文化的一个较为形象化的反映。

一首好的企业歌曲，可以激励一个时代，鼓舞振奋一代人；一首好的企业歌曲，可以唱火一个企业，唱响一个品牌。

二、理论知识

企业歌曲即企业歌、厂歌、公司司歌，它就像一个企业的形象标志，是一种用声波来传递企业形象的艺术形式，如同国歌一样。对企业而言，企业歌曲就是企业精神标志，一首优秀的企业歌曲将会给企业带来无穷的凝聚力和号召力，从而为企业在激烈的竞争中增加动力。企业歌曲要求从歌词上充分体现企业发展理念和企业奋斗精神，从旋律上要求恢宏大气和充满激情，从而对员工产生精神号召力和企业向心力，使员工更加热爱自己的企业。用音乐来向人们传递企业信息更具影响力和号召力。目前，我国已经有越来越多的企业领导者意识到企业形象与企业文化的重要性，并且也越来越需要这种弘扬企业精神的文化形式。

（一）企业歌曲概述

1. 企业歌曲的概念

企业歌曲就是反映企业的发展状况和精神追求的音乐作品，企业歌曲的歌词与企业紧密相关，集中反映本企业的特色。

企业歌曲是企业文化的重要组成部分，是企业的精神力量；企业歌曲是企业的有声名片，是企业树立企业形象的良好载体，是打造企业品牌不可缺少的有效的宣传方式。

2. 企业歌曲对企业发展的积极作用

企业歌曲最大的作用是以其朗朗上口的旋律和饱含感情的歌词把企业价值观根植到广大组织成员的心中，使企业的主要成员产生使命感，使员工对企业及企业领导人、企业形象产生强烈的认同感。

一首好的企业歌曲，能激励员工士气，提升团队意识，增强凝聚力和员工归属感，形象展示企业员工时代风采，进一步弘扬企业精神，反映员工对企业的深厚感情、期盼企业更好发展的美好愿望。

一首好的企业歌曲，有助于创建更有特色、更有效能的企业文化，实现可持续稳健和谐发展。

一首好的企业歌曲，能将企业的历史、文化、环境、位置、产品、宗旨、理念、口号、徽标、成就、目标等软、硬实力形象地展示给听众；能扩大企业影响力，展示企业的魅力及企业家人格魅力；能进一步扩大知名度，树立更好的企业形象，营造良好的外围发展环境，增强综合竞争力。

一首好的企业歌曲，能拉开与同类产品的差异，凸显音乐文化个性，增强受众对企业和产品的认同感，促进产品销售，提高市场份额。

3. 企业歌曲的分类

作为一个企业的歌曲，主要有两大类。

① 原创音乐种类——企业歌曲　使用方式：企业员工在日常工作和参加企业重大活动时，多为队列进行曲。

② 原创音乐种类——形象歌曲　使用方式：企业形象歌曲常用于对外宣传和企业重大活动时，企业形象歌曲主要反映企业的经营理念和精神追求，企业形象歌曲风格和歌词题材与企业或产品紧密相关。

（二）企业歌曲的学唱

1. 唱歌的姿势

正确的唱歌姿势，不仅是歌唱者良好的心态表现，而且还关系到气息的运用、共鸣的调节以及歌唱的效果，在训练时，应让学生养成良好的演唱习惯，做到两眼平视有神，下颌内收，颈直不紧张，脊柱挺直，小腹微收，腰部稳定。

2. 唱歌中的呼吸

首先是吸气，在做呼吸练习时，先做好正确的演唱姿势，保持腰挺直，胸肩松宽，头自如，眼望远处，从内心到面部的表情都充满情意，然后"痛快地叹一口气"，使胸部放松，吸气时，口腔稍打开，硬软腭提起，并与提眉动作配合，很兴奋地以后腰为主，将腰围向外松张，让气自然地、流畅地"流进"，使腰、后背都有"气感"，胸部也就自然有了宽阔的感觉，比如用"打哈欠"去感觉以上动作。

但呼气时不要过深，否则使胸、腹部僵硬，影响发声的灵活和音高的准确，吸气时不要有声响，反之不仅影响歌唱的艺术效果，还会使吸气不易深沉，影响气息的支持，所以，在日常生活中要养成两肋扩张、小腹微收的习惯。

3. 发声练习

发声练习是歌唱发声的一种综合性基本技能的训练，学习唱歌必须以最基本的发声练习开始。

① 做获得气息支点的练习，体会吸与声的配合，利用科学的哼唱方法，体会并调节自己的歌唱共鸣。

② 学会张开嘴巴唱歌，上下齿松开，有下巴松松的"掉下来的感觉"，舌尖松松地抵

下牙。

③ 唱八度音程时，从低到高，母音不断裂连起来唱，口咽腔同时从小到大张开。

④ 气息通畅地配合，发出圆润、通畅自如的声音。

4. 咬字、吐字准确、清晰

发音练习的目的，归根到底是为了更完善地演唱歌曲，所以必须要注意咬字、吐字的清晰，正确地掌握语言的回声，明确汉字语言的结构规律，将歌曲音调与咬字、吐字结合起来练习。练唱时，将每个字按照出声引长归韵的咬字方法，先念几遍，再结合发声练习，以字带声，力求做到字正腔圆、声情并茂，演唱时发元音的着力点，应尽量接近声区的集中点，使三个声区的共鸣得到衔接和灵活调整。

歌唱艺术是声音与文学相结合的艺术，我们唱好歌曲，不能只讲声音，不讲感情，反之也不行，我们应对歌曲的思想内容、表现手法以及词曲作者、歌曲的时代背景，有个全面的了解和分析，再进行适当的处理，把歌曲的艺术形象准确完整地再现出来，达到以情带声、声情并茂。

5. 合唱的练习

（1）速度、力度、音色、口形的统一

合唱是集体的声音艺术，统一和谐是合唱最基本的要求，要做到速度、力度、音色、口形的统一。首先，要认识到合唱不同于独唱，不能个人任意发挥。其次，要养成看指挥的习惯，通过指挥把学生的演唱统一起来。

要做到音色统一，首先，要在发声方法上统一起来，例如声音位置靠前还是靠后，是高还是低，真假声的比例以及气息的深浅，这些直接影响音色的指标，都要反复进行提示。其次，提倡"轻声唱"。只有"轻声唱"才能轻松自然，才能聆听集体的音响效果，调整自己的发声，使之融入集体的音响中。

在合唱中，口形统一很重要，不仅在演唱时使观众看到整齐优美的口形，而且能使声音通畅圆润，具有众口一声的感觉。口形统一还是音色统一的基础。口形统一练习的方法：一是多练"哼鸣"；二是多练齐诵歌词，对读音、口形不对的进行纠正。尤其是唇齿音、翘舌音、前后鼻韵母。这样经过一段时间的训练，学生的口形一般会统一起来。

（2）分声部合唱的训练

分声部合唱训练应循序渐进，先练比较简易的二声部练习曲，待有一定基础后再练三声部、四声部。练习时遇上难度大、不容易唱准的地方，可以先练旋律音程，即一个声部先唱根音，另一个声部再唱冠音，然后再过渡到练和声音程。应让学生使用视唱法，唱自己声部的同时，还要听到另外声部的效果，从中得到美的享受。当然刚组织起来，基础较弱，视唱能力差的合唱队，也可以先分开练。不过这仅仅是暂时的过渡的做法。这时应先练低声部，因为低声部旋律性、流畅性差，容易走调，先入为主唱好记牢，这样合唱时才不会被高声部"拉过去"。二声部进入练歌词时，常会出现音准的问题，这时要指导学生一目双行，边看谱边唱歌词，才能取得较好的音准。

（三）企业歌曲的创作

企业歌曲发展到今天，其概念已经不仅仅指为企业所作的歌，它还包括公司歌、社区歌、校歌、俱乐部歌、队歌等。随着社会的进步，越来越多的企业创作和演唱"企业歌"，因为企业歌曲不仅仅是为了适应规范管理的需要，还可以彰显一个企业或行业的精神风貌，使其富有文化底蕴。对内可以振奋精神、鼓舞斗志、增强企业凝聚力，对外可以显示企业的活力，提升企业的形象。这是企业文化建设不可忽视的重要组成部分，所以，企业歌曲对企业的好处是显而易见的。

企业歌曲的创作，最主要的是要体现企业的精神风貌，歌词的内容要表现出企业的风气、特点、经营理念，要能够展现企业的风采。歌曲既要符合优美动听的基本音乐要求，又要富有企业特色，包括企业的行业特色、企业的历史特色以及企业所在地的地区特色等。企业歌曲还必须具有易学易唱、朗朗上口的特点，以及鲜明的时代特色。

企业歌曲对音乐的贡献同样是不可忽视的，它要求词曲创作者、音乐制作人必须深入企业生活，感受企业理念和企业精神，使我们的艺术家在创作的时候真正做到"三贴近"——贴近时代、贴近生活、贴近人民大众。

企业歌曲的创作原则（如：厂歌、司歌、局歌、行歌、矿歌等）是气势磅礴、坚定有力、催人奋进；所有形象歌曲都要求：好听、好记、好学、好唱。

《洛阳石化之歌》

作词：石顺义　作曲：王世光

黄河的旭日，洛阳的彩霞，是谁在这里铺开一片辉煌图画？

长长的管道，高高的炼塔，美丽的石化城啊，这是我的家。

啊，洛阳石化，洛阳石化，

志比太行高，情比黄河大，

为祖国建设再加一把油，我们的"三自"精神永远发扬光大。

风雨的春秋，繁忙的冬夏，是谁在这里绘出一片灿烂图画？

创业男子汉，风流女儿家，全厂人人做贡献啊，争把汗水洒。

啊，洛阳石化，洛阳石化，

油龙走四海，情谊满天下，

为振兴中华再加一把油，我们的"三自"精神永远发扬光大。

组织实施

① 组织学生学习演唱《我为祖国献石油》。

② 分组进行合唱练习。

③ 进行合唱比赛。

④ 畅谈学唱歌曲的感受（侧重歌曲所蕴含的石油工人精神）。

成果评价

合唱比赛评分标准（总分10分）

① 演唱时精神饱满，表情自然大方，保持良好台风，充分显示学生的朝气和热情。（2分）

② 声音洪亮、协和、统一，音高、节奏准确，吐字清晰，各声部配合默契、和声效果好。（2分）

③ 歌曲处理准确，能准确把握歌曲的主题思想，并与歌曲表现内容及风格相符合，具有一定的表现力和感染力。（2分）

④ 指挥手势准确，姿势优美，节奏分明，能带动演唱者情绪。指挥、吟唱词诵读、合唱配合默契。（2分）

⑤ 编排新颖独特，能充分展现学生团结向上、积极进取、追求卓越的精神面貌。（1分）

⑥ 进场出场有序，演唱时队形整齐，有特色。（1分）

拓展任务

为当地石化公司或你喜欢的企业创作一首企业歌曲。

拓展项目

接歌比赛

比赛规则：歌词首尾相接，可以是同音或谐音字，每组出一人，每人一句，接不上被罚下，最后剩者为赢。

例如：锦绣河山美如画　花儿为什么这样红　红星闪闪放光彩……

测试

测测你对礼仪规范的了解

① 国际社会公认的"第一礼俗"是：

　A. 女士优先　　　　　　B. 尊重原则　　　　　　C. 宽容原则

② 朋友邀请你参加他的私人家庭晚宴，如果是晚上8点钟开始，按照国际礼仪要求，你应该在什么时间范围内到达？

　A. 7:45pm—8:00pm　　　B. 8:00pm准时到达　　　C. 8:00pm—8:15pm

③ 在机场、商厦、地铁等公共场所乘自动扶梯时应靠哪侧站立，以便留出另一侧通道供有急事赶路的人快行？

　A. 左侧　　　　　　　　B. 右侧　　　　　　　　C. 随便

④ 在商务会餐中，贵宾的位置应安排在：

　A. 主人的左侧　　　　　B. 主人的右侧　　　　　C. 都可以

⑤ 在社交场合，下列一般介绍顺序，哪个是错误的？

　A. 将男性介绍给女性　　B. 将年轻的介绍给年长的

C. 将先到的客人介绍给晚到的客人

⑥ 在马路上行走时，一般：

A. 女士或长者走在右侧，男士或年轻者行于靠近车辆的一侧

B. 女士或长者走在靠近车辆的一侧，男士或年轻者行于右侧

C. 两者皆可

⑦ 电话响时，应迅速接听，不应让铃响超过几次？

A. 二次　　　　　　　　B. 三次　　　　　　　　C. 四次

⑧ 与人交谈时，应注视对方哪个位置最合适？

A. 衣领　　　　　　　　B. 额头　　　　　　　　C. 双眉到鼻尖构成的三角区

⑨ 客户来访时，如果乘坐专职司机驾驶的轿车，应安排客户坐在什么位置？

A. 后排右边　　　　　　B. 司机旁边　　　　　　C. 后排左面

⑩ 如果主人亲自驾驶小轿车，哪个座位应为首位？

A. 副驾驶座　　　　　　B. 后排右侧　　　　　　C. 后排左侧

⑪ 邀请客户参加公司会议时，如果总经理坐在会议桌的末端，客户应该坐在哪里？

A. 客户应该坐在总经理的左边

B. 客户应该坐在总经理的右边

C. 客户应该坐在总经理的对面

⑫ 在电梯里，正确的站立方向是：

A. 侧身站立　　　　　　B. 面对电梯门站立　　　C. 与人背对背站立

⑬ 在参加公务活动时，女士脱穿大衣时，男士应：

A. 主动回避，注意影响　　B. 主动帮助，挂拿存取衣服

C. 在旁边等待，然后挂拿存取衣服

⑭ 在商务活动中，与多人交换名片，应讲究先后次序，正确的次序是：

A. 由近而远　　　　　　B. 由远而近　　　　　　C. 左右开弓，同时进行

⑮ 接受别人递给你的名片之后，你应把它放在哪里？

A. 名片夹里或者上衣口袋

B. 西装内侧的口袋里

C. 裤袋里面

⑯ 给来访客人放置水杯时，应该放在客人的哪一侧？

A. 左侧　　　　　　　　B. 右侧　　　　　　　　C. 正前方

⑰ 在女士需要的时候，男士应帮助女士提包或者其他物品。但下列哪样物品不适合长时间帮助女士提？

A. 行李　　　　　　　　B. 背包　　　　　　　　C. 坤包

⑱ 社交场合男女握手时，应当由谁先伸手？

A. 男士　　　　　　　　B. 女士　　　　　　　　C. 无所谓

⑲ 双边会谈中，通常用长方形、椭圆形或圆形桌子，宾主相对而坐，以正门为准，主人应坐在哪一侧？

A. 面门一侧　　　　　　　B. 背门一侧　　　　　　　C. 均可

⑳ 男士商务着装,整体不应超过几种颜色?

A. 两种　　　　　　　　　B. 三种　　　　　　　　　C. 四种

㉑ 领带夹的位置与西装是否系纽扣有关,在西装不系纽扣时,领带夹应夹在衬衣的第几粒扣之间?

A. 第二粒和第三粒之间　　B. 第三粒和第四粒之间　　C. 第四粒和第五粒之间

㉒ 观看经典的歌剧或音乐会时,应该选择什么样的服装?

A. 相对正式的服装　　　　B. 时尚休闲服装　　　　　C. 无所谓

㉓ 商务活动中,男士可穿下列何种西服?

A. 粗格呢西服　　　　　　B. 印有花鸟图案的西服　　C. 条纹细密的竖条纹西服

㉔ 哪种衬衫不应与正装相配?

A. 方领　　　　　　　　　B. 短领或长领　　　　　　C. 异色领

㉕ 女士穿着西式套裙时,最佳搭配是什么鞋?

A. 高跟皮鞋　　　　　　　B. 平跟皮鞋　　　　　　　C. 凉鞋

㉖ 在正式场合中,应将手机放在什么地方?

A. 可以放在上衣内袋或公文包中

B. 可以挂在腰带上　　　　C. 可以放在裤袋中

㉗ 以下哪种颜色的袜子不能在穿西装的时候穿?

A. 黑色　　　　　　　　　B. 深蓝色　　　　　　　　C. 白色

㉘ 男士衬衫的袖口长度应该正好到手腕的什么位置为宜?

A. 以长出西装袖口1~2厘米为宜

B. 以短出西装袖口1~2厘米为宜

C. 正好与西装袖口齐平

㉙ 男士衬衣内除了背心之外,最好不穿其他的内衣,如棉毛衫之类,如果穿的话,内衣的领圈和袖口应该:

A. 不要显露出来　　　　　B. 可露出一点　　　　　　C. 露在衬衣的外面

㉚ 在正式场合,女士不化妆会被认为是不礼貌,要是活动时间长了,应适当补妆,最好在以下什么地方补妆?

A. 办公室　　　　　　　　B. 洗手间　　　　　　　　C. 公共场所

思考与练习

① 举例说明企业歌曲的作用。

② 学习演唱《洛阳石化之歌》。

③ 任选一首自己喜欢的企业歌曲,谈谈歌曲中蕴含的企业文化。

④ 为自己班级创作一首班歌。

学习情境四

设计企业广告

学习目标

① 了解企业的广告文化。
② 熟悉企业广告的特点和基本结构。
③ 具有正确理解企业广告文化的能力。
④ 具有企业广告文案的写作能力。
⑤ 培养学生树立企业和自身良好形象的意识。

任务描述

了解当地石化公司或你喜欢的企业,为其撰写一篇广告文。广告文须符合企业品牌的含义,特点鲜明,艺术表现力和感染力强,能够充分体现品牌推广、理念传达等方面具有独特的优势和要求,能体现企业品牌的精髓和产品服务特点。

案例

TCL 冰箱一鱼三吃篇平面广告文案

标题:一鱼"冷冻、微冻、冷藏"三吃

正文:手艺好,一条鱼可以变着戏法吃,但有何妙招能保证鱼的新鲜度时刻如你所需,恰到好处?TCL 率先推出集"冷冻、微冻、冷藏"于一身的三制式多功能冰箱。家中有了它,你可以巧用三种形态的保鲜功能,加上你的好手艺,一鱼三吃非难事,无穷滋味在其中。

广告语:TCL,乐万家

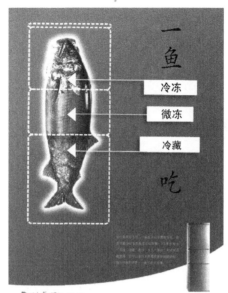

案例分析

TCL文化是以"鼓励内部创业的文化""合金文化""创新文化"和"危机文化"为特色的文化,提出了"文化是明日经济"的时代命题,大力推行"变革创新、知行合一"的理念。该广告较好地蕴含了"创新科技、共享生活"的企业使命。据资料介绍,TCL家电战略做出重大调整,将锁定节能冰箱,提出"健康节能,领'鲜'中国"的品牌主张,全力推进节能产品的普及,打造TCL电冰箱新品牌、新概念、新形象。独创的"急速养鲜多功能板"也是TCL的专利之一,独创的"智能无间变温室",通过制冷系统流向与流量的智能控制,实现无间变温、冷藏、冷冻、智能变温室独立温控,并拥有快速冷冻、冷藏"一键通",轻松控制理想中的品质生活。这一则就是顺应这一历史潮流和发展理念打出的宣传本产品特色平面媒体广告。

这则广告首先给人的印象是主题鲜明,内容散点构成,显得散而不乱。"三"的黑体字,让受众在第一时间把眼睛集中在"冷冻、微冻、冷藏"的功能上,增强了广告的效果。

另外这则广告形象鲜明生动。一个冰箱的框架里放着一条被分为三段的鱼,让受众大体了解了这个神秘冰箱的大体结构,同时右下角的实体冰箱也给了受众一种安全可靠的信息。平面广告的下方牌子"TCL王牌电冰箱"让人一目了然。

总之,这则广告根据自己的市场优势和市场定位及时地推出了这一集"冷冻、微冻、冷藏"于一身的三制式多功能冰箱,旗帜鲜明地打出了这种电冰箱有"能保证鱼的新鲜度时刻如你所需,恰到好处"的功能广告。这条广告的成功之处就在于用突出的中心、准确的市场定位、设问(关爱)的方式宣告了这一产品的消费热潮。

知识链接

一、企业文化名言

要用快速、简易和自信引导公司文化，通过人的力量来实现生产率增长与竞争优势。
——杰克·韦尔奇

有才能，才能有地位；有实力，才能有尊严；有文化，才能有品牌。

用眼光羡慕他人拥有的"美丽景观"，用汗水打造自己美丽的"湖光山色"。

二、理论知识

广告是一种文化。广告文化是企业文化中一个重要的组成部分，它具有真实性、传播媒体的多元性、设计制作的艺术性、社会生活的经济性等特点。

（一）广告文化概述

1. 广告文化

广告是指企事业单位通过各种媒体，将所生产的商品及其服务信息，有计划地传递给消费者，以求引起消费者兴趣和购买动机的一种应用文体。

广告是经济和文化的结合体，它在推销产品的同时也传播着文化。这种文化带着明显的时代文化的痕迹。早在1927年，戈公振在《中国报学史》中就说过，"广告为商业发展之史乘，亦即文化进步之记录"。无疑，广告在追求商业目的的同时，还蕴藏着某种文化观念和文化价值，而这些文化价值和文化观念对人起着潜移默化的教化功能。成功的广告往往有其深厚的时代文化内涵，它是时代进步文化的一面镜子。

随着国际分工的深化、发展和全球经济一体化趋势的日益加强，国际间的商品流通日益频繁。各个国家为了争夺世界市场，竞相推销本国产品，其中一个重要的促销手段就是利用广告将本国的商品和厂商的声誉向国际推介。在中国，由于市场经济制度不断发展与完善，对外开放中的经济活动日益增多，国际广告事业蓬勃发展，它不仅给中国人带来新的商品和服务或把中国的商品介绍给国外消费者，而且还是传播文化的载体。

广告活动不仅是一种经济活动，还是一种文化交流，它像一只无形的手左右着人们的生活方式和消费习惯。广告文化是从属于商业文化的亚文化，同时包含商品文化及营销文化。商品本身就是一种文化载体，文化通过商品传播，商品通过文化而增值。在中国，通过商品向西方传播文化最早是丝绸之路，丝绸之路带给西域的不仅仅是丝绸，它还以丝绸为载体，向西方世界传播了古老的东方文化。商品文化的实质是商品设计、生产、包装、装潢及其发展过程中所显示出来的文化附加值，是时代精神、民族精神和科学精神的辩证统一，是商品使用功能与商品审美功能的辩证统一。它是广告文化的核心内容。营销文化是指以文化观念为前提，以贴近人的心理需要、精神气质、审美趣味为原则的营销艺术和哲学，它是广告文化的集中表现形式，商品文化要通过营销文化的实现而最终实现。

2. 广告文化的主要内容

（1）流行文化的展示

广告本身就是一种大众文化的形式。广告必须在紧追时尚的文化背景下进行创作，才能赢得消费者的认同。因此，广告是流行文化的施展舞台。如利用名人效应、权威效应所做的广告宣传，表现了当代文化的特征。许多商家往往会借助名人在消费者心目中的影响力，树立商品或品牌的良好形象。宝洁公司的"舒肤佳"香皂以"中华医学会"权威机构的认可向消费者推荐，很快使商品流行起来。这些广告的成功，无疑都巧借了当代人对名人的崇拜和对权威的信任心理。另外还有的表现为：标新立异的物质追求、自我完善的个性显示。

（2）地域文化与混合文化的碰撞

广告还反映了一定地域的特定文化。每个区域都有自己的文化，包括思维方式、生活方式、价值取向、审美意识等，许多广告以此为创意背景，反映了文化的差异。如"金利来领带，男人的世界"的广告。"金利来"原名金狮，虽然在广告上做了一番努力，但领带的销路还是不佳。原来香港"狮""输"读音相近，与粤港澳人特有的"好意头"心理相悖。自从有了吉利的好名称"金利来"后，广告引起消费者心理活动的有选择的指向，"金利来"也就名扬四海了。

（3）超前文化的演绎

广告向人们展示着一种超前的文化形象。这超前的文化形象从内容的角度，总是向人们展示一个新世界，并且是一个可以通过购买获得的新世界。例如中国人素有喝茶的习惯，很少喝咖啡，但"雀巢"咖啡却敢于打进来，并且一举成功，原因之一就在于"味道好极了"这句话以及它的广告形象画面。如果你喝"雀巢"咖啡，你就能够得到一种高品位、高档次的生活。这就是"雀巢"咖啡带来的超前文化。这种超前文化从视觉的角度，利用"图底关系"，把要宣传的东西凸显出来，同时借助于摄影、电影等大众传播媒介，给人造成一种身临其境之感。

3. 现代广告设计需要现代文化

21世纪以来，随着科技进步、交通便利、通信手段的发达，各民族文化间的隔膜逐渐减少，各地域固有文化与外来文化逐渐融合。现代主义标准化、简单化的诉求，使得具有国际风格样式的广告因为没有地域文化的阻隔而兴盛一时。设计师们开始重新在各种文化中认识和寻找新的设计素材，彰显各地域独有的设计风格特色。因此，在当今世界中，文化已经在设计领域被提到一个极其重要的层面，成为民族和地域的一个显著标志。对于现代广告来说，创意固然重要，但是没有文化的广告只能成为一个空壳。如果创意是广告的思想，那么文化便是广告的灵魂。社会发展的进程表明，经济需求的增长有着明显的文化导向，这种文化导向逐渐地由原来的以经济价值、经济消费为中心，转移到以心理、道德、社会及美学等精神性价值为中心。

（1）广告设计中的文化内核和要素

广告的目的不仅仅是单纯的刺激需要，它更微妙的任务在于改变消费者生活的各个层面，从影响人们的举止、衣着、饮食、趣味、时尚，一直到教会人们去适应新的生活方式。作为消费社会的独特文化景观和媒介的宠儿，广告不仅因此得到了爆炸性的发展，广告及其广告所映射的形象这一问题也成为所谓的后现代社会的中心问题。从广告发展本身规律来看，现代广告绝不会忽视一切极富创意的人类精神产品和文学艺术所提供的文化资源。在偶像频出的时代，广告必须能够吸引消费者已经疲惫麻木的感知力，文化的创新以最快的速度被运用于广告的创意中。传统文化、西方文化、现代商业文化等元素都对广告具有巨大的影响。

（2）广告设计中的传统与现代文化

中华民族历史源远流长，传统文化博大精深，是中华民族的重要凝聚力；当下人们的思想观念、思维、行为和生活方式都发生着重大的变化，中国文化也在全方位地转换和迅猛发展，但是这种转换和发展本身就是从传统内部开始的。作为广告主要媒介之一的纸，产于中国，而且使广告得以广泛传播的印刷术也源于中国。广告作为商品经济的产物，是从人类社会生产大分工形成和商品出现以后，伴随着商品的销售而产生的，而广告的产生和发展，又成为推动商品生产和发展较活跃的因素之一。从某种意义上说，中国广告发展的演变和轨迹与不同历史时期经济文化的发展变化密切相关。从世界范围来看，有诸如立体派、风格派、达达主义、超现实主义、构成主义等一系列设计风格与流派，从而引发现代广告文化的创造性的改革。我国香港的著名设计师靳埭强之所以走向成功，不仅因为他有一流的设计意识，也由于他在设计中融合了许多中国的文化元素，如中国古钱币、水墨文化、儒家文化等。"只有民族的，才是世界的"，这提醒了所有的艺术设计者应该重新审视"文化包袱"，将这包袱当作新的设计语言。这需要设计师充分了解艺术与科技间"设计"所扮演的沟通桥梁的角色，并给予文化亲身体验，实地接触固有的文物与环境，建立起设计与文化的新融合，创造出自身文化产品的品位。

（3）现代广告设计中的商业文化

商业的进步、现代广告的发展与成熟，逐步改变了消费者对广告的看法，人们在抱怨受到广告困扰的同时，也日益感到离不开广告所提供的信息及审美功能。广告的存在，创造了巨大的经济效益。同时，广告业界自身的发展与竞争也促成了思想性、艺术性不断提高，越来越多的设计师发现广告越巧妙、越有文化内涵就越能打动消费者的心灵，就越能赢得消费者对广告的喜爱。好的商业平面广告设计必须在艺术与技术、审美与实用之间保持平衡，并将其整合为融会贯通的统一体。现代商业设计自然不能放弃这一最基本的"设计美学"诉求。在这种"实用性"与"审美性"的平衡之间，最终确定的是：设计的目的是"人"，而不是"物"。以视觉为基础的广告是一种站在时代的风口浪尖的文化现象，它当然不可能逃脱现代文化整体而走向制约。而作为一种营销手段，它又制造"艳俗"形象以满足视觉快感，从而迎合受众急剧膨胀的"消费主义意识形态"。平面广告的语言也一样受到了"形象"的巨大挑战。在这个视觉文化主导潮流时代，大众对视觉快感的期待已经被大大提高了。广告试图使形象负载较多产品的含义，为了更有效地推销商品、服务或是观念，平面广告就不能停留在实用性与审美趣味上，而是必须提供给受众以超常的视觉文化体验。

（4）现代广告设计文化的发展趋势

社会意识形态在不断变化，文化的内涵和形态也在不断变化，以文化为内核的广告自然也在改变。设计师应该立足于消费者的感知和需要制作广告，尤其是从重视实际到重视想象方面转变，会使消费者对广告有所感受、有所反应。广告的目标对象是人，是为人服务的。对于以人为本的广告诉求来说应该把人性放在第一位，如食物的欲望、安全的欲望、美的欲望等，才能和消费者产生共鸣。现在大多数成功的广告都是根据人们的感情和理性而设计的。当前世界广告活动中出现了一种比较明显的转变：过去重点强调品牌的特点并辅之以大众媒体发布以期形成强大广告冲击的硬性广告的趋势，被现在亲切、柔和的广告语言，自然流畅的广告风格，朴实诚恳的广告诉求所取代。

（二）广告文案的撰写

1. 广告的主题

广告主题是广告人通过全部材料所要表达的中心认识。主题在文章中具有核心的地位。如果说文章——广告文案是一个人类创造的精神生命，那么材料——广告产品及其他对象是血肉，结构是骨骼，语言是细胞，表达方式是皮肤，线索是脉络，而主题则是灵魂。主题是作者通过全部材料所表达的基本认识。它常常在以下几部分中明显显示：一是标题，不少广告中就是主题，也有不是主题的；二是开头，提示或显示；三是中间，强调主题；四是结尾，重复主题。

广告传播的主题类型有以下几种。

① 突出生产技术。

② 突出产品地位。

③ 突出审美意识。适于实际用途有限但有独创性的产品。

④ 突出客观质量。适于好产品。

⑤ 突出喜剧精神。把产品作为对困境的逃避或对理想的选择。

⑥ 产品实用价值。适于开发潜力有限的日常生活用品，如洗衣粉、电器等。

⑦ 突出产品名望。

⑧ 突出消费快感。非现实，更主观，如香水、照相机等。

广告主题是广告所要表现的核心思想，它是广告作品的灵魂。广告主题有一个较为流行的公式：广告主题=广告目标+信息个性+消费心理。当然这里的"+"并非简单相加，而是有机融合。广告主题的提炼必须符合下列要求：

① 一矢中的——准确；

② 入木三分——深刻；

③ 独树一帜——新颖。

2. 广告的标题

广告标题从写作结构来看，主要有以下几种类型。

① 单词组结构标题。如"喜新不厌旧"（施乐复印机）。

② 多词组结构标题。如"当代名表，名家鉴赏"（劳力士手表）。

③ 单句结构标题。如"六一，我们说句公道话"（乐百氏奶）。"锁住营养和水分，保鲜时间延长50%"（美菱冰箱）。

④ 多句结构标题。如"眼睛是灵魂的窗户，为了保护您的灵魂，请给窗户安上玻璃吧！"（美国眼镜广告标题）。

⑤ 复合结构标题，一般由引题、正标题、副标题等组合而成。如：

引题——用了油烟机，拆卸清洗困难怎么办？

正标题——科宝排烟柜，将油烟控制在柜内，一抽而净。

科宝油烟机带集油盆，确保三年免清洗。

副标题——全方位优质服务：免费送货安装，（南三环至北四环）三年保修，终身维修。

广告标题从表现形式来看，主要有以下几种类型。

① 新闻式。如："发现一瓶好水——黑松天霖水"。

② 问题式。如："谁为万家燃灯火？恒星牌灯泡为您带来光明与欢乐"。

③ 承诺式。如："您只需按一下快门，余下的一切由我们来做"（柯达相机）。

④ 悬念式。如："我的朋友乔•霍姆斯，他现在已经变成一匹马了"（美国箭牌衬衫）。

⑤ 假设式。如："谁能用手把金币掰下，金币就归谁所有"（劳特牌胶水）。

⑥ 祈使式。如："别让您头顶的留白随着学识增加"（落健洗发水）。

⑦ 赞美式。如："非凡成就——马爹利XO"。

广告标题写作注意事项：

① 要体现广告主题；

② 要表现消费者利益；

③ 能诱发受众的好奇和兴趣；

④ 采用简洁明快的表现形式。

3. 广告的正文

广告正文的主要表现形式：

① 简介体。简明扼要地介绍企业的情况、商品的性能特点、服务的风格特色等。这种表现形式的特点是客观、有条不紊。这种形式适用于运用文字较多的媒介。

② 新闻体。在特定的广告版面、广告时间里，用新闻报道的形式，即新闻报道的写作笔法、特有的文体结构写作广告正文。其特点是借助新闻形式加强广告正文的新闻性、权威性。

③ 分列体。把主要的广告信息分为若干项给予一一列举的表现形式。特点是使广告受众能够一目了然，在较短的时间内将信息浏览一遍。商场的促销广告经常采用这一形式。

④ 公文体。采用公文的表现结构、特有形式进行正文的表现。特点是能给人以客观、严谨、公正的感觉，能提高广告信息的权威性和严肃性。

⑤ 格式体。把商品的种类、单位、价格等各项用整齐的表格形式表现。这种形式大多用于企业的商品介绍。

⑥ 论说体。以论辩为主的广告正文表现形式。特点是说理性和逻辑性。

⑦ 证言体。以消费者的语言或文字进行广告信息表现的广告正文形式。特点是以消费者自身形象出现，或站在消费者第一人称位置，记载消费者对广告中产品的使用感受和评价，让广告受众产生可亲、可信的感觉。

⑧ 自述体。也叫自白体，是以产品自身的口吻进行广告表现的广告正文形式。特点是将产品拟人化，使产品以人性化表达来与受众之间产生共鸣。

⑨ 故事体。是一种通过讲述一个与广告内容息息相关的故事来表现广告信息的正文形式。特点是以故事的发生、发展过程引人入胜，吸引受众的阅读和收听兴趣，又以故事中的事件处理和产品介入所获得的结果来无形地说服受众。

⑩ 诗歌体。以诗歌形式进行广告信息表现的正文形式。适合表现产品的文化韵味和附加

价值，形成受众基于审美意义上的消费产生。

⑪ 散文体。以散文形式进行广告信息表现的正文形式。特点是较为平易和生活化。因此，在需要情感诉求而又要体现平实的表现作风时，可以选择这一形式。

⑫ 歌曲体。广告正文以歌曲形式进行表现，一般在广播、电视等广告中运用。

⑬ 相声体。用相声的形式来表现广告正文。这种形式生动、幽默和谐趣，可以吸引受众的注意力，又可将广告信息用形象化的手法进行表现，在广播、电视等媒体中经常使用。除了以上这些广告正文表现形式之外，还有小品体、寓言体、戏曲体等多种形式。

广告正文的写作注意事项：

① 有效地运用写作顺序。写作顺序多种多样，如受众接受心理顺序、解惑顺序、演绎归纳顺序、故事顺序等。合理运用写作顺序，可以使正文产生可读性。

② 针对目标受众选择恰当的表现形式。

③ 将企业、商品（或服务）或观念的特色转化为购买理由。

④ 广告正文长短的选择要根据广告信息的表现形式、目标受众接受特征和媒体策略来决定。

⑤ 如果采取长文案，应采用小标题、分列形式、特殊的段落承接方法来诱使受众顺利地阅读广告正文。

⑥ 杜绝在形式、语言等方面的空话和套话，尽量运用实证的方式来说服受众。

4. 广告附文

广告附文是对广告正文的有效补充，主要是将广告正文的完整结构中无法表现的有关问题做一个必要的交代。一般出现在广告文案的结尾部分。广告附文中主要包括商品的品牌、企业名称、企业地址、企业电话、企业联系人、企业标志、权威机构证明标志、必要的表格等内容。广告文案中具体附文可依据广告文案的中心内容和广告的具体目的等做应有的取舍，不一定包括上述的全部内容。

5. 广告语

广告语是配合广告标题、为加强商品形象而运用的短句，它顺口易读、富有韵味、具有想象力、指向明确、有一定的口号性和警告性。例：柯达，"串起生活每一刻"，感觉非常随意的一句话，却紧紧地抓住生活这个主题。作为全球最大的感光材料的生产商，柯达在胶卷生产技术方面的领先已无须用语言来形容，因此柯达更多地把拍照片和美好生活联系起来，让人们记住生活中那些幸福的时刻，因此请用柯达胶卷，这正是柯达想要的。在字体设计方面柯达采用了一种比较洒脱的字体，更贴近生活。

广告语的写作法则：

① 短促有力：5~7 字理想。好记，好念，有鼓动力。如："新！全！廉！优！"（田野汽车广告）；"少一份噪声，多一份宁静"（双鹿冰箱广告）。

② 富有节奏感：讲究韵味，音乐性。如："维维豆奶，欢乐开怀"（维维集团产品广告）；"中国动力，玉柴机器"（广西玉林柴油机厂广告）。

③ 通俗亲切：口语化。如："天上彩虹，人间长虹"（长虹电器广告）；"输入千言万语，打出一片深情"（四通打字机广告）。

④ 具有竞争性：讲究变化，高低适宜，促进质量。"进步就是我们最重要的产品"（通用电器）；"味道好极了"（雀巢咖啡广告）。

此外，还要尽量把商标、名称放入。"爱多 VCD，好功夫！""借问酒家何处有，牧童遥指杏花村"（山西杏花村汾酒广告）。

组织实施

① 明确广告目的，分析产品特点，挖掘产品与品牌的文化内涵与特质。
② 分析市场环境，决定广告形式。找到与目标消费者可以产生思想与行为连接的内容，并且必须与品牌、产品的文化要素及特点有高度的匹配与融合，确定符合目标顾客文化需求及品位的载体和传递形式。
③ 调查消费需求，确定广告诉求。
④ 撰写广告文案。
⑤ 交流广告方案。

成果评价

评分标准（总分 10 分）
① 准确规范、点明主题。（3 分）
② 简明精练、言简意赅。（2 分）
③ 生动形象、表明创意。（3 分）
④ 动听流畅、上口易记。（2 分）

拓展任务

为征集广告语的企业撰写广告语。

拓展项目

不可能完成的任务

游戏规则与程序：
① 把受训者分组，每组 4 人，然后发给每组一张任务卡。每张卡上写着一件商品的名称以及它应卖给的特定人群。要注意，这些人群看起来应不需要这些商品，实际上应该完全拒绝这些商品。比如向非洲人销售羽绒服，向因纽特人销售冰箱等。总之，每个小组面临的挑战是销售不可能卖出的商品。
② 每个小组应根据任务卡的要求准备一条 30 秒的广告语，用来向特定人群推销商品。该广告应注意以下三点。
a. 该商品如何改善特定人群的生活。

b. 这些特定人群应怎样有创造性地使用这些商品。

c. 该商品与特定人群现有的特有目的和价值标准之间是如何匹配的。

③ 给每组 10 分钟的时间，按照上述三点要求写出一条 30 秒的广告语，要注意趣味性和创造性。

④ 其他受训者暂时扮演特定人群，认真倾听该小组的广告词，应该根据广告能否打动他们，是否激起了他们的购买欲望，是否能满足某个特定需求来做出判断。最后通过举手的方式，统计出有多少人会被说服而购买这个产品；有多少人觉得这些推销员很可笑，简直是白费力气。

⑤ 选出优胜的一组，给予加分奖励。

测试

测测你对工作的尽责度

你最近工作状况好吗？曾有科学家分析，一般人的专心程度是和成功成正比的，所以工作的时候努力工作，玩的时候轻松去玩，这应该是最好的人生座右铭。现在就以一个简单的问题，来测试一下你的工作态度。

许久没有背上钓竿了，今天正巧有朋友约你一同去钓鱼，你会选择何处？

A.海岸边　　　　　B.山谷的小溪　　　　　C.坐船出海　　　　　D.人工鱼池

思考与练习

① 为当地石化公司或你喜欢的企业设计一份平面广告文案。

② 找一个你想就业的企业所做的广告文案，对其进行评析。

③ 搜集广告中凸显企业文化的案例。

④ 撰写一条企业文化的公益广告。

学习情境五

竞聘班组长

学习目标

① 了解班组的特点，班组管理的特征。
② 掌握班组长的职责、管理内容。
③ 提高班组长的角色认知能力、管理能力和班组文化建设能力。
④ 培养学生树立企业和自身良好形象的意识。
⑤ 培养学生的企业主人翁意识和实干精神、团结协作精神。

任务描述

学生分小组学习讨论班组的组建、班组长管理等知识点，撰写班组长竞聘稿，小组推荐一名学生参加班组长的竞聘。

案例

班组长竞聘演讲稿

尊敬的领导、各位同事：

  大家好！

  公司采取班组长竞聘制，既是考核上任班组长，也是给每位班组成员一个展示自己的机会。这个机会不但包括使命和责任，也包括荣誉和价值及个人魅力。为响应公司的号召，实现我的梦想和光荣理想，我勇敢地站在这里，竞聘一班班组长的岗位。

我是机械检修队维修一工段一班技术员康帅，2007年毕业于石化职业技术学院化工设备维修技术专业，在维修一工段工作5年的时间里，虚心向师傅们学习，不断提高岗位技能，踏实肯干，很好地完成了本职工作。

我竞聘班组长的岗位有三个方面的优势：

一是有较高的思想政治素质，我在大学期间就光荣地加入了中国共产党，参加工作后，在工段领导和班组成员的帮助下，我的思想不断进步。本人爱岗敬业，求实进取，有良好思想品德和职业道德，曾被评为公司先进工作者，对胜任班组长工作充满信心。

二是有熟练的专业技能，掌握本装置生产工艺流程及工艺技术指标。分析问题、解决问题能力强，具有扎实的专业技术知识和较高的实际操作技能水平，能够熟练地进行班组管理。

三是组织、协调、沟通能力强，具有良好的团队精神。本人善于学习，勤于思考，乐于奉献，有很好的人际关系，年富力强，精力充沛，有能力和体力带领班组成员很好地完成班组各项任务。

如果我竞聘成功，我将从以下几个方面做好班组管理工作。

一是认真履行班组长职责。

作为班组长，要增强班组全体人员的质量观、责任感和使命感，使全体班组人员思想统一，全面完成年度生产任务，全方位引导班组成员做到"岗位自觉自律、弘扬职业文明、展示道德风尚"，认真完成每一个工件，从而逐步提高自身素质，实现与企业共奋进共发展的宏伟目标。

把工作重点放在班组的文化建设上，使班组文化建设成为公司文化建设的落脚点；放在对班组全体人员素质发展上，使其成为有自信、有理想的优秀职工。在工作上始终保持激昂的工作热情，开拓的思维，创新的理念和事业观。

在工作安排方面做到合理、准确。每天在上岗会上严格按计划要求将具体工作量分配给每一位班组成员，让每个员工对当天的工作都做到心中有数，工作起来有目标。无条件地服从上级领导安排，圆满地保质保量完成生产任务。

二是全面搞好班组管理。

① 把本年度生产任务和工作目标落实到生产实际中，深入贯彻公司"爱国、创业、求实、奉献"的宏大理想精神。结合工段生产实际情况，与全体小组成员深入理解，和班组成员对企业未来发展形势与生产任务饱和情况进行及时交流、合理分配。组织班组成员积极投身各项生产任务，以优异的质量完成各项生产。

② 开展"我为班组做贡献，争做优秀员工"活动，开展劳动竞赛，做好提炼总结，召开班组表扬座谈会，交流经验，宣传典型，形成积极向上的班组氛围。

③ 企业是"以人为本，以科技而领先，以创新为实质，以质量而生存"。因此，我们要首先提高班组员工的安全和质量意识，结合去年生产中出现的各种问题和质量事故，开展安全隐患搜查，加强质量监控，不出一例废品，不出一起安全事故，确保生产安全和产品质量目标的实现。

④ 加强班组文化建设，在企业的文化建设和管理中，一个班组的文化和思想建设是个重要的基础和影响要素。通过小竞赛、小活动增强班组的凝聚力，建立团队合作精神，创建阳

光式的工作软环境。

如果我有幸能成为一名班组长,我将在以后的工作中努力做到:一是学习先行,不断提高自身综合素质,具有技术专长和人格魅力,并带头运用知识解决班组实际问题;二是对班组管理和建设提出整体的设计方案,组织员工参与设计和实施过程,从而形成班组共同的愿景规划;三是指导组员把各项基础管理工作和制度严格落实,做好生产过程中的技术指导工作;四是关心组员的思想、工作、生活与健康,做好为组员提供安全、文明、有序的生产环境的服务工作,不断优化班组自主管理的工作环境。

企业是我家,成功靠大家。让我们每个人都积极行动起来,贯彻"精品、责任、执行"的六字方针,不断提升企业核心竞争力,为实现"创建炼油示范企业,建设和谐石化矿区"的目标而努力奋斗。

我的竞聘演讲到此结束,谢谢大家。

案例分析

俗话说"大海航行靠舵手"。在班组管理活动中,班组长就是整个班组的舵手,是班组的核心,也是班组管理的基础。这篇班组长竞聘演讲稿,首先对自己进行了简单的介绍,接下来,谈了对班组长岗位的认识,并阐述了如何履行班组长职责和如何搞好班组建设,表达了为企业发展出一份力,实现自身价值的愿望,体现了较强的主人翁责任感和参与竞争的意识。

知识链接

一、企业文化名言

不想当将军的士兵只能一辈子当士兵,想当将军的士兵才是一个好士兵。现在我们马上就要远征了,路途艰险,你们每个人都要把自己当成是一名将军,勇往直前,我们一定要克服这次征途上的困难!——拿破仑

我们改变不了工作任务及压力,但我们可以改变我们对待工作的态度和方法,运用积极乐观的心态去面对每一天的工作。

要有生活目标,一辈子的目标,一段时期的目标,一个阶段的目标,一年的目标,一个月的目标,一个星期的目标,一天的目标,一个小时的目标,一分钟的目标。——列夫·托尔斯泰

成功就是今天比昨天更忠诚、更敬业、更勤奋、更自信。制度成习惯,习惯成自然,成功是一种习惯。大成功来自小成功的积累。

二、理论知识

企业运作从纵向结构上可划分为三个层次:经营、管理和执行。

经营层指总经理、董事长,负责企业战略及重大决策的制定。

管理层指部长、科长、车间主任等,负责层层组织和督促员工们保质保量地生产市场上所急需的各种产品。

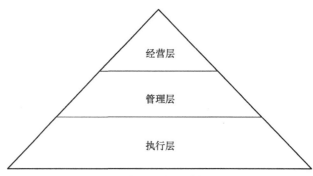

企业运作的纵向结构划分

执行层就是最基层的管理者,例如工段长、队长、领班,更多的是班组长。

(一)班组长概述

1. 班组长的管理定位

(1)企业的班组

班组是企业中最小的组织单位,却是企业最重要的细胞,班组工作的好坏决定了企业是否能够健康生存与发展,直接影响企业整体的经营成果。企业管理的各项规章制度、作业流程及工艺标准等最终都是由班组来落实完成的。班组是生产一线最基层单位,最清楚生产中的关键及潜力所在,企业管理中各项制度的完善程度需要到班组中去实践、检验,而存在的问题与不足之处也最易在班组中反映出来,因此班组的各项工作水平在一定程度上反映了整个企业的管理水平。可以说,班组管理是企业管理的基础。

(2)班组长的地位

班组的领导者就是班组长,班组长是班组生产管理的直接指挥和组织者,也是企业中最基层的负责人。他们既是领导者,又是生产者。从整个企业管理层级来看,班组长起着桥梁和纽带的重要作用,是企业中不可或缺的一个岗位。

班组长是班组的监督管理者,他是通过班组成员来进行工作、完成生产和服务任务的。作为单纯的生产者,班组长亲自动手操作只能完成一个人的工作量,而作为监督管理者,带领一个班组,只要充分发挥出全体班组人员的积极性,使班组生产均衡有效地进行,产生"1+1>2"的效应,就能做到按质、按量、如期、安全地完成上级下达的各项生产计划指标。这就是监督管理者的价值所在。所以,班组长的领导绩效是通过班组成员的工作绩效来体现的。

在实际工作中,经营层好的决策需要基层班组长的支持和配合,没有一批领导得力的班组长来组织开展工作,经营层的政策就很难落实。

2. 班组长的重要作用

班组是企业的"细胞",班组管理是企业管理的基础。无论什么行业、工种,它的共性都是拥有共同的劳动手段和对象,直接承担着一定的生产任务,其中也包括服务产品,因此班组长有三个重要作用:

① 班组长影响着决策的实施,决策再好,如果执行者不得力,决策也很难落到实处。所以班组长影响着决策的实施,影响着企业目标的最终实现。

② 班组长是承上启下的桥梁，是员工联系领导的纽带。

③ 班组长是生产的直接组织者和参与者，所以班组长既应是技术骨干，又应是业务上的多面手。

3. 班组长的职责

班组长要根据企业的经营目标和车间的生产计划，合理有效地组织生产经营活动。班组长的职责主要包括：

① 认真贯彻执行厂部和车间的决定，带领全班职工努力工作，完成生产计划，做到优质、低耗、高效生产。

② 负责贯彻执行各项规章制度，认真做好各项基础工作（包括原始记录、台账、报表等），并要对各岗位严格进行监督检查。

③ 组织职工严格按照技术标准和工艺标准进行生产，搞好设备维护、保养和卫生。

④ 认真执行安全生产的有关制度，防止各类事故的发生。保证生产安全、平稳、长周期运行。

⑤ 负责组织职工采取多种形式开展岗位专业知识、岗位技能的练兵活动，搞好基本功训练，不断提高技术、业务水平。

⑥ 做好职工的思想政治工作，关心职工生活，及时解决学习、生产、工作和生活中的实际困难。

⑦ 及时向车间领导汇报并请示工作，按时完成车间交办的其他临时性工作，积极参加有关的社会活动。

总之，班组长关注的焦点不应该仅仅是"我如何将工作做好"，而应该是"如何让我的班组去做"。班组长作为一个特殊的岗位，关键在于管理。所谓管理，就是带领大家完成工作。

4. 班组长的管理原则和权力

（1）班组管理必须遵循的两个原则

① 管理无小事。对于一名班组长而言，根据其定位，要求关注现场工作中的每一个环节，绝不能有丝毫的疏忽，否则就可能造成某种失误，甚至出现重大的事故。因此，班组长在管理中必须遵循"管理无小事"的原则，做到班前布置，中间控制，事后检查。班前要对员工们进行工作布置，讲明注意事项，中间要及时对班组生产的进度、质量、方向等几个方面进行恰当的控制，事后还要进行检查，并总结经验。

② 公正、公平、公开。"三公"原则对于班组管理尤为重要，基层管理千头万绪，具体而又琐碎，一件事情处理不公，不仅影响当事人的情绪，而且会影响一批人，给整个班组管理带来不良影响。班组尽管是企业的最小执行单位，但班组长的领头人作用不可忽视，如果班组长不遵循"三公"原则，管理看人行事，看菜下碟，时不时搞些暗箱操作，员工之间有亲疏之分，那么，到头来不仅害了别人，也害了自己。

（2）班组长的权力

① 奖励权：如果部下按照规章制度进行操作，而且取得了成绩，班组长有权对其进行物质或精神方面的奖励，激励取得了成绩的员工争取做得更好，更重要的作用是充分发挥他的模范带头作用，以便有效地带动班组的全体成员都能积极主动地工作，把全班工作做得更

好。班组长的这种权力就是奖励权,这种做法被称为正激励,有人将其形容为"哄着朝前走"。

② 惩罚权:员工违规操作,造成了一些失误,或没有服从上级的安排,违反了组织纪律,那么就要惩罚他。情节轻的可以在班组会上口头批评一次,或单独对其进行批评,严重的可以将其停职,甚至开除,目的是让其按照既定的目标、规章制度来完成任务。这种权力称为惩罚权,但它的目标是正的,因此这种做法被称为负激励,有人将其形容为"打着朝前走"。

③ 法定权:厂规和法律中班组长的其他权力,统称为法定权。例如信息处理权就属于法定权,上级的文件可以根据情况有的向下传达,有的暂缓传达,甚至不传达;下属反映的情况如果班组长能处理,就不必上报。此外,流程改造权和设备更新权也属于法定权。

(3) 非权力因素

同样是一名班组长,为什么有的班组长能够一呼百应,而有的班组长却使员工口服心不服,甚至被当面顶撞?除了职位权力之外,还有一个作用很大的因素——非权力因素,影响着班组长的权力。

非权力因素与职位权力没有密切的关系,但是非权力因素却能有效地间接影响权力因素的运用。非权力因素包括专长权和个人的影响力。所谓专长权,是指懂技术,会管理。个人影响力是现代领导科学中尤为强调的一种领导能力,它并非强制性的权力,而是指管理者依靠个人的人格魅力来影响员工的工作。

(二) 班组建设

班组建设是班组在企业统一领导指挥下,开展的一系列提高素质和管理水平活动的总称。搞好班组建设是企业发展战略的一项重要基础工作。班组建设归纳起来主要有五个方面,即思想建设、组织建设、制度建设、业务建设和文化建设。

1. 思想建设

班组的思想建设应做到有计划地组织班组职工开展政治学习,教育职工自觉坚持"三个代表"重要思想,贯彻落实科学发展观,拥护党的方针政策,遵守职工守则。要建设良好的班风,表扬先进,开展竞赛,树立强烈的竞争意识和创新进取精神。

2. 组织建设

班组的组织建设是指班组长的选配、班组核心的组成、职责与任务、会议制度的合理组织、制定、贯彻提高过程的总称。选择思想好、技术精、业务熟、会管理、有威信的人担任班组长。明确其他班组成员的任务及职责,把班组工作落实到每个人,使班组工作制度化、程序化。

3. 制度建设

班组规章制度是班组在生产技术经营等活动中共同遵守的规范和准则。人们把班组制定、执行和完善制度的过程称为班组的制度建设。班组制度一般包括岗位责任制、生产交接班制、经济核算制和质量、设备、工具、劳动、安全、思想工作、文化学习等方面的管理制度。

4. 业务建设

班组的业务建设就是班组在生产、技术、经济活动中,不断学习和掌握各项专业管理技术,增强班组计划、组织指挥、协调和控制的能力,使企业各项专业管理工作在班组内得到落实,在各个过程中,班组自身管理素质也得到了提高。班组的业务建设包括班组的生产管理、技术管理、经济活动、质量管理、设备工具管理、劳动管理、安全文明管理等各项工作。

5. 文化建设

班组文化就是以班组为主体，在统一的企业文化理念指导下形成的基层文化，是企业文化的重要组成部分，是企业文化在基层落实的具体体现。作为企业的领导，有责任指导和帮助班组抓好班组文化建设。作为班组，特别是班组长，则应充分认识文化建设在班组建设中的重要地位和作用，抓好班组文化建设。

班组文化是班组成员在长期生产实践中，在不同工作岗位上形成的一种文化风格，这种文化风格彰显了班组的文化个性。如山东莱钢动力部水力车间水处理班职工，班组例会后班组成员都会自然地把手叠摞到一起，边喊："我们是最棒的，嗨！"用这种别具一格的叠手相击方式相互加油鼓劲、传递团队精神，这是该班职工在创建团队文化过程中养成的一个习惯，每次班组例会后，大家都会自然而然地用这个习惯性动作来鼓舞自己和伙伴。班组开展的团队互助学习、团队创新改造、团队技能 PK 赛等活动中，叠手相击鼓士气成了大家表达决心和信心的一个规定动作。

(金鑫拍摄)

有的班组经常开展向雷锋学习活动，经常助人为乐做好事；有的班组安全工作很到位；有的班组各种活动开展得有声有色，使班组充满生机活力，激发班组成员蓬勃向上的热情等。这些鲜明的班组文化特点，成为许多班组的独特风格和形象，展示了班组文化的魅力。

（三）班组文化建设的内容

1. 班组文化的构成要素

（1）班组精神

班组精神是一个班组精神风貌的展现，是班组优良传统、价值观念、道德规范、工作作风和生活态度的总和，班组发展前进的驱动力。班组成员十几年甚至几十年工作和生活在同一环境中，相互联系比较紧密，长期的思想感情交流，很容易形成共同的价值观、思维方式和工作作风，这些都集中体现在班组精神上。这种班组精神就成为班组的一面旗帜，能够增强班组成员的主人翁意识，发挥每个成员的积极性、创造性和主动性，形成"班组命运共同体"。对班组外部来讲，这种班组精神能够充分展示班组的良好形象，创造良好的班组信誉。

（2）班组形象

班组形象是班组文化建设的重要内容。班组形象包括班组的质量品牌形象、服务水平形象、班组环境形象、班组成员的员工形象以及完成各项生产任务、工作任务所表现出来的作风。如"雷锋班组""先进班组"等评选活动中评选出的班组，在企业职工心中都有着良好的形象。塑造班组形象是班组建设中的长期工程，要持之以恒地结合完成各项生产任务，进行培养和塑造。

（3）班组文化活动

班组文化活动也是班组文化要素中不可缺少的一项。丰富多彩、小型多样的班组文化娱乐活动既可以丰富班组成员的业余生活，加强班组成员之间的感情联系，又可以陶冶班组成员的思想情操，营造健康向上的文化氛围。

2. 班组文化建设的主要形式

围绕班组文化建设的基本内容，采取灵活多样的形式开展活动，班组文化建设才能取得理想的效果。

（1）班组集体活动

班组要定期组织集体活动，如开展一些运动项目比赛、户外拓展、烧烤、郊游、聚餐、辩论赛等活动。集体活动增加了班组成员间的交流，也增强了班组成员间的凝聚力。

（2）班组文化墙

班组文化墙是展示班组的宣言、标语、口号、定期活动通知、活动成果展示等情况，并将先进事迹和案例显性化在文化墙上。根据班组文化建设的情况，定期更新班组文化墙的内容。

（3）班组文化博客

建立班组文化博客，各班组博客必须上传全组成员的集体照、个人照，并附个人简介，博客定期更新一次；班组成员每月需在博客发表博文。

（4）活动积分激励计划

个性化的积分服务能提高员工的积极性，激发员工参与班组文化建设的积极性。员工积分可兑换礼品：学习发展类（经典培训、精品讲座、外出交流等），休闲活动类（演唱会门票、电影票、假期等）；消费类（优惠券、实物）等。

班组文化建设除了上述形式以外，还有编写班组故事集、明星班组长评比、班组文化漫画集、班组论坛等形式。在班组文化建设的过程中，企业需要根据具体情况采取相应的形式。

组织实施

① 小组学习讨论；
② 小组分工，撰写班组长的竞聘稿；
③ 每个小组选一名学生代表参加竞聘演讲。

成果评价

评分标准（总分 10 分）
① 竞聘前小组是否有收集资料。（2 分）
② 竞聘讲演稿的内容完整，有对班组建设的设想，并且设想内容可行。（3 分）
③ 竞聘者语言流畅，小组观点表达清晰。（2 分）
④ 班组成员间的协作精神。（3 分）

拓展任务

下表列出了三类班组长及其班组的工作情况，请你针对三个班组的工作情况分别对三个班组长进行评价。

类别	工作现场人员			一天的工作量			你的评价
	作业人员	班组长	总人数	作业人员平均量/人	总产量	全体人员平均量	
A	10人	班组长徒有虚名，和作业人员一样	10人	1个	10个	1个	
B	9人	专职班组长1人	10人	1个	9个	0.9个	
C	9人	专职班组长1人	10人	1.4个	13个	1.3个	

拓展项目

协作投篮

项目流程：
① 分给第一小组两名成员 20 个球和一个水桶作为篮筐。计时开始后，两人都可以向桶

内投球。球全投出后，把没有投中的球捡回来，继续投，直到全部投进为止。记录时间。

② 其他小组同样开始投篮并记录时间。

③ 各个小组完成投篮游戏后，取用时间最少的前三名继续比赛。方法可改变为：两人中一个人投篮，一个人捡球，以节省时间并相互不干扰。完成后，注意为他人加油，并帮助捡球，直到 20 个球全进桶为止。

小组成员之间相互帮助，将球全部投进桶内，用时最少的小组获胜。

测试

测测你是否能够勇于承担责任

按照自己的真实想法找出下面问题的答案。

小李性格忠厚老实，刚刚研究生毕业，就被招聘到一家中型国企工作。上班第一天，主任就找他谈话，说公司准备培养他，想让他带领一个十多人组成的团队，做一个项目，给他大概 3 个月时间，作为锻炼。但小李总感到自己不能胜任，对自己没有信心。如果你是小李，你会接受领导的提议吗？

A. 接受，因为这是一个很好的锻炼机会

B. 委婉地拒绝领导的提议，等以后有了能力再说

C. 为了薪水，答应领导的提议

思考与练习

① 简述班组长的职责。

② 访问一名班组长，分析其在班组管理中的优缺点。

③ 如果你是班组长，你的班组管理重点在哪些方面？

④ 设计具有班组自身特色的班组文化墙。

学习情境六

企业安全事故成因专题研讨

学习目标

① 掌握什么是安全生产和安全生产管理。
② 了解企业安全管理的措施。
③ 认识安全生产在石化企业中的重要性。
④ 具有分析石化企业事故原因和预防企业安全事故发生的能力。
⑤ 熟悉企业维修作业程序,培养安全操作、文明作业意识。

任务描述

查找近年来石化企业发生事故的资料,分析发生事故的原因,讨论为避免事故发生应采取哪些管理措施,最后写一份企业安全事故成因的研讨论文。

案例

石化企业生产安全事故分析

在对石化企业发生的事故进行调查后发现,这些企业中事故重发的原因主要是:领导和员工的安全生产意识薄弱,不按规程作业,安全生产管理责任制没有落实,有关监管部门安全监管检查不到位等人为因素;生产工艺本身具有危险性,设备存在缺陷或不适当等物的因素。这些事故造成了重大的损失,用血的教训和事实为我们敲响了警钟。

一、屡屡发生的石化事故简报

2007年11月28日凌晨4时40分许,浙江菱化实业股份有限公司亚磷酸二甲酯车间粗酯受器发生爆炸,并引发火灾,造成3人死亡。

2008年1月15日凌晨5时30分左右,浙江武义博阳实业有限公司在化工新建项目试生产过程中,重排工段废渣池起火,引发该公司成品仓库着火,事故共造成4人死亡。

2008年11月8日,吉林松原石油化工股份有限公司在建干气综合利用装置利用导热油脱除管道系统内残留水分过程中导热油泄漏着火,造成4人死亡。

2008年11月27日上午10时20分,江苏联化科技有限公司重氮盐生产过程中发生爆炸,造成8人死亡、5人受伤(其中2人重伤),直接经济损失约400万元。

2010年10月,中石油大连管线发生闪爆,引发管线内原油起火,致1500吨原油入海,负责现场作业的3名员工被刑拘。

2011年6月,由中海油和美国康菲石油合作开发的渤海湾蓬莱19-3号油田6月4日起发生漏油事故。

2011年7月11日,广东惠州大亚湾石化区中海油下属炼油厂发生爆炸,火光冲天,无人员伤亡。2010年7月24日,中海油惠州炼油厂曾发生过一起油罐失火事故。

2011年7月12日,中海油绥中3-1油田中心平台中控发生故障致使原油落入海中,全油田生产关断,在事发海域发现1平方千米油膜。

2011年7月16日下午2点半左右,中石化大连石化分公司一炼油装置"三蒸馏换热器"发生泄漏起火,致使一名工人死亡。

2011年8月,大连福佳大化PX项目因受台风影响,险些造成有毒液体泄漏,随后大连市宣布该项目停产并搬迁。

2011年8月29日上午10点06分,中石油大连石化分公司储油罐发生火灾,无人员伤亡,起火原因系工作人员操作过程中发生静电起火引起爆炸。

2011年9月23日晚上10点20分左右,上海浦东新区的中国石化上海高桥分公司厂区内燃起大火,造成直接经济损失近三亿元,火灾在3小时左右被控制。

2011年11月19日下午2点左右,山东新泰联合化工有限公司三聚氰胺装置在停产后进行检修时发生爆燃,发生爆燃的装置为三聚氰胺装置的道生液冷凝器。当时公司正在组织人员进行设备检修,因此设备的突然爆燃导致较大规模人员伤亡。此次事故共造成15人死亡,4人受伤。

二、安全事故产生的主要原因

对安全事故产生的原因,一些学者提出了不少事故致因理论:多米诺骨牌事故理论、人机工程学的事故致因理论、事故倾向性理论、调整压力理论、目标-自由-警惕性理论、"精神分散"理论和事故链理论。结合这些理论以及实践,分析石化安全事故产生的主要原因。

1. 人为因素是直接原因

常言说得好:安全来自警惕,事故源于麻痹。从上述事故来看,绝大多数事故都是由于放松警惕、麻痹大意、违规操作或误操作造成的。由于缺乏安全知识的教育培训，有的员工安全意识淡薄，有的操作者甚至完全没有安全意识，致使事故发生。如江苏联化科技有限公司"11·27"爆炸事故中，操作人员没有将加热蒸汽阀门关到位，造成重氮化反应釜在保温过程中被继续加热，重氮化反应釜内重氮盐剧烈分解，发生化学爆炸，是这起爆炸事故的直接原因。

造成事故的主要原因是企业领导干部安全生产意识不到位；项目管理粗放，安全管理制度执行不力；安全生产管理责任制没有落实；安全管理网络不成体系。如浙江菱化实业股份有限公司"11·28"爆炸事故，公司除采用DCS控制以外，还规定现场巡检，要求每30分钟巡检并记录甲醇计量槽的液位。但在本次事故中，当DCS控制系统显示甲醇进料系统故障并发出警告信号后，至发生爆炸事故的2小时40分钟内没有巡检记录。此外，企业的总值班巡查制度也没有有效落实，造成3人死亡的严重后果。

此外，有关监管部门安全监管工作薄弱，检查不到位，事故隐患整改落实不到位，责任追究与处罚不到位，也是导致事故发生的主要原因之一。

2. 物的因素是间接原因

近几十年来，石化企业得到迅速发展，石化企业增长速度太快，造成物质、原料、材料供不应求，仓促拼凑投产，留下隐患。不少企业在进行扩建改造中，不按"三同时"要求，充分考虑安全生产的需要，增加了不安全因素。化工企业设备多，管线复杂，加之在生产过程中忽视对设备安全管理，使设备超期服役，日趋老化，对安全生产构成重大威胁。

利益各方为了降低成本，追求经济效益，安全投入不足。超速发展也成为近些年重大化工安全事故的主要根源之一。如新泰联合化工"11·19"事故便是一起典型的一味赶工期、超速酿成的惨剧。公司为尽快生产，工期缩短了一半，在新泰市购买的设备在打压测试时就不合格，公司采购部门对此却熟视无睹，只想尽快把设备搬到公司，尽快装备完毕开始生产，以致该设备从装备完毕起就不断出现故障，直至酿成大祸。

生产工艺本身具有危险性。石化生产处于高温高压、连续反应状态，所使用的原料和生产过程中的中间产品以及最终产品，如半水煤气、变换气、精炼气、合成气、液氨、甲醇、甲醛、乙醛、甲酸、硫黄、甲铵液、硫酸、氢气、氯气、氯化氢、乙炔、氯乙烯、氢氧化钠等都具有易燃易爆、有毒有害的特点，有的还具有强腐蚀性，复杂的工艺流程，高度连续性等特点，对安全生产构成十分不利的因素。如浙江武义博阳实业有限公司"1·15"事故，在生产车间堆放大量的可燃原料和产品，且采用单只量大、易熔化塑料包装桶。致使废渣池起火、燃油外溢，迅速熔化并引燃池边物料吨桶，导致火灾事故扩大。

三、如何从根本上预防安全事故的发生

从石化企业来说，减少安全事故意外损失比增加生产更具效益。从上述主要原因出发，可从以下四个方面来预防安全事故的发生。

① 控制员工的行为：这是最基本防范措施。要严格执行三级教育制度，提高技术员和安全管理人员的安全素质，使员工的行为符合安全规范。特别是新上岗的员工，在上岗之前，必须掌握施工现场的基本防护知识，熟悉安全操作规程，了解本岗位的不安全因素，经考试

合格后才能上岗。

② 加强安全保障体系：加大安全投入，改善安全条件和设施。禁止使用危及安全生产的落后工艺和设备，加大企业的技术改造力度，使施工现场的防护设施达到标准化、工具化。现场重点环节和部位都要有技术保障、安全措施。

③ 完善安全生产管理体制：企业必须坚持进行定期和不定期的安全生产大检查。加强现场生产管理，建立健全安全保障体系。加强班组安全员队伍建设，提高责任心和工作水平。

④ 加快推进安全生产法制建设：建立安全生产行政许可制度，从根本上严格市场准入制度；加强检查和监管的力度，针对安全监管薄弱环节和管理漏洞进行重点检查，要限期整改风险隐患；严肃查处重大安全事故责任单位和责任人，形成安全监管的长效机制。

知识链接

一、企业文化名言

班前讲安全，思想添根弦；班中讲安全，操作保平安；班后讲安全，警钟鸣不断。

二、理论知识

化工生产是一个高风险的行业，有自身的行业特点。化工生产从原材料购进到产品售出的各个环节，具有易燃、易爆、易中毒、高温、高腐蚀、生产装置规模大、反应路线复杂、生产连续化等特点，生产中潜在的不安全因素远高于其他行业，稍有不慎或任何细微疏忽，都极易酿成安全事故，且事故的损坏和危害大、持续时间长。离开安全生产这个前提，化工生产就难以进行。

（一）安全管理

1. 安全生产

安全生产是指劳动生产过程中的人身安全、设备和产品安全，以及交通运输安全等。即企业按照社会化大生产的客观要求，在符合安全要求的物质条件和工作秩序下，采取各种措施科学地从事生产活动，防止伤亡事故、设备事故及各种灾害的发生，保障劳动者的安全健康和生产、劳动过程的正常进行。它既包括对劳动者的保护，也包括对生产、财物、环境的保护，使生产活动正常进行。

安全生产是安全与生产的有机统一。安全是生产的前提，生产必须安全，没有安全企业的生产就无法进行。安全能够促进生产，安全的生产环境可以减少职工伤亡，减少财产损失，增加企业经济效益，从而促进生产的发展。

2. 安全生产管理

安全生产管理是指依照国家法律、行业和企业规章及技术标准，努力改善劳动条件，预防在生产经营过程中人身和物质损伤事故的发生，以及事故发生后得到及时处理而所做的一系列管理工作。

① 安全生产管理的对象：安全生产管理的对象是生产过程中的一切人、物和环境。

② 安全生产管理的目的：安全生产管理的目的是保护工人在生产中的安全与健康，防止各类事故发生，保护财产不受损失，确保生产装置安全、稳定、长周期运转。

安全生产管理是状态的管理和控制，是一种动态管理。安全生产管理是企业生产管理的重要组成部分，是综合性的系统科学。它关系着企业经营状况的好坏和企业的整体形象，是企业振兴与发展的一项重要工作。

③ 建立安全生产管理规章制度：没有规矩，不成方圆。企业应根据国家有关法律法规，从自身实际情况出发，制定一套全面细致、切实可行的安全生产管理规章制度。这些安全生产管理制度主要包括法规、规程和条例等基本内容。安全法规有《中华人民共和国安全生产法》《中华人民共和国劳动法》等；安全规程有《安全生产技术操作规程》《化工企业厂区作业安全规程》等；安全条例有生产企业的"十四个不准"，操作工的"六严格"，动火作业"六大禁令"，进入容器、设备的"八大必须"，机动车辆"七大禁令"等。这些都是多年经验教训的总结，是用生命和鲜血换来的，在安全生产管理中发挥了重要的作用。

还包括一些规章制度，如《劳动人事管理制度》《安全生产管理制度》《消防安全管理制度》等。要严格执行，做到依法治厂，以制度管人，使职工在日常工作中有章可循，有法可依。

3. 岗位操作的安全管理

化工企业内的岗位，实际是一种职责分工。在生产过程中，职工应严格按照岗位操作法的要求进行生产。所谓岗位操作法是指操作者在岗位范围内，如何合理运用劳动资料完成本职任务的规定性文件，是操作者进行生产活动的行为准则。

化工生产过程中的安全操作包括安全开车、安全运行、安全停车和安全检修。化工生产岗位安全操作对于保证生产安全是至关重要的，因此化工生产企业要严肃劳动纪律，严格按规操作，杜绝"违章操作、违章指挥、违反劳动纪律"的现象。在生产过程中必须做到以下几点。

① 严格执行工艺规程、安全技术规程，遵守劳动纪律、工艺纪律、操作纪律，做到平稳

运行；
　　② 严格执行岗位安全操作规程；
　　③ 控制"跑、冒、滴、漏"等现象；
　　④ 安全附件和安全连锁装置不得随意拆弃和解除，不能随意切断声、光报警等信号；
　　⑤ 正确穿戴和使用个人防护用品；
　　⑥ 严格安全纪律，禁止无关人员进入操作岗位和运行生产设备、设施和工具；
　　⑦ 严格执行操作工的"六严格"规定，不得擅自离开自己的岗位；
　　⑧ 正确判断和处理异常情况，在紧急情况下可先处理后上报。

（二）安全检查

安全检查是发现不安全行为和不安全状态的重要途径，是消除事故隐患，落实整改措施，防止事故伤害，改善劳动条件的重要方法。

1. 安全检查的内容

主要是查思想、查管理、查制度、查现场、查隐患、查事故处理。

① 化工生产的安全检查应以自检形式为主，是针对生产全过程、各个方位的全面安全状况的检查。检查的重点是劳动条件、生产设备、现场管理、安全卫生设施以及生产人员的行为。发现不安全因素时，必须果断地消除。

② 各级生产组织者，应在全面安全检查中，透过生产环境状态和隐患，对照安全生产方针、政策，检查对安全生产认识的差距。

③ 对安全管理的检查，安全生产是否提到议事日程上，各级安全负责人是否坚持策划、布置、总结、评价生产经营的同时对安全工作进行策划、布置、检查、总结和评价。业务职能部门人员，是否在各自业务范围内，落实了安全生产责任。专职安全人员是否在位、在岗。安全教育是否落实，教育是否到位，生产技术与安全技术是否结合为统一体。

2. 安全检查表

安全检查表相关内容如下。

检查项目	检查内容	检查方法和要求	检查结果
安全生产制度	①安全生产管理制度是否健全并认真执行	制度健全，切实可行，进行了层层贯彻，各级主要领导人员和安全技术人员知道其主要条款	
	②安全生产责任制是否落实	各级安全生产责任制落实到单位和部门，岗位安全责任制落实到人	
	③安全生产计划编制、执行如何	计划编制切实、可行、完整、及时，贯彻认真，执行有力	
安全教育	④工人三级教育是否坚持	有教育计划，有内容，有记录，有考试和考核	
	⑤各级领导干部和业务员是怎样进行安全教育的	有安排，有记录	
安全技术	⑥生产安全设施是否可靠	原材料的堆放、半成品的存放，生产过程中的安全要求和文明施工要求	

续表

检查项目	检查内容	检查方法和要求	检查结果
安全技术	⑦安全帽、安全带及其他防护用品是否妥当	性能可靠,佩戴均符合要求	
安全检查	⑧是否有违纪、违章现象	发现违纪、违章,及时纠正或处理,奖罚分明	
安全生产工作	⑨安全事故报告是否及时	按"三不放过"原则处理事故,报告及时,无瞒报、谎报、拖报现象	
	⑩事故预测和分析工作进行得如何	进行了事故预测,做事故一般预测分析和深入分析,运用先进方法和工具	

(三)事故原因分析

1. 海因里希法则

"海因里希法则"是美国著名安全工程师海因里希提出的 300∶29∶1 法则。通过分析工伤事故的发生概率,为保险公司的经营提出的法则。这一法则说明,机械生产过程中每发生 330 起意外事故,其中未产生人员伤害的 300 件,人员轻伤的 29 件,重伤或死亡的 1 件。上述比例关系在不同的生产过程、不同类型的事故中不尽相同,这个统计规律显示,在同一项活动中,不安全因素在事故发生之前已暴露多次,重伤事故的发生是很多次意外事故导致的结果。

某企业的一名机械师站在摇晃的梯板上,穿了一件袖口宽大的长袖工作服,试图用手把皮带挂到正在旋转的皮带轮上,结果被皮带轮绞入碾死,事故调查后发现,他如此上皮带已有数年之久。后来,该企业查阅这名机械师 4 年来急救上药的病例,发现仅治疗处理手臂擦伤的记录就有 33 次。因此,他的违规操作是其丧命的原因所在。这说明,死亡与重伤事故虽有偶然性,但是不安全因素在事故发生前已多次暴露,若能及时消除不安全因素,就可以避免许多死亡与重伤事故的发生。

2. 海因里希法则对安全管理工作的启示

海因里希法则对安全管理来说是一种重要的警示。它说明任何一起事故都是有原因的。同时,海因里希法则也告诉我们安全隐患是可以控制的。安全管理工作涉及多方面,可能会遇到很多意想不到的问题,也就是那些平时被我们忽略的隐患、苗头、征兆而引发产生的看似偶然的问题。这些问题从表面上看好像不该发生,表现出很大的偶然性。事实上,任何一起事故的发生,认真分析起来,总有一定的原因,有其必然性。有时候我们往往认识不到问题所在,客观上是因为这些必然性被一些假象所掩盖,实质上问题的发生主要还是我们在管理过程中的责任意识不够、疏忽大意所致。因此在分析事故时应该透过现象看本质。

"千里之堤,溃于蚁穴",任何事故都不是凭空产生的,都有一个渐进的过程。在生产过程中应时刻提高警惕,注重抓好各项管理制度的落实,规范执行各个操作规程,及时消除安全隐患,就可以避免事故的发生。因此,在安全管理中,强化责任意识、努力提高管理者自身素质,是我们通往安全无事故的必由之路,这也是"海因里希法则"给我们的启示。

3. 事故发生的不安全因素

（1）人的不安全行为

大量的统计数据表明，大约 75%的事故是人为因素导致的。人的不安全行为主要表现在操作动作不正确；习惯性违章；使用安全防护用具不正确等。根据传统事故理论的分析，人的不安全行为产生的原因主要是：

① 安全意识不强。作业人员忽视安全规定，甚至故意采取不安全行为。在作业中，一些人会存侥幸心理，这种侥幸心理正是安全生产的大敌。

② 技术、知识不足。缺乏安全生产知识、经验或技术不熟练是产生不安全行为的主要原因。

此外，产生不安全行为的原因还有作业人员身体不适、工作环境恶劣和不可避免的失误等方面。

（2）物的不安全状态

产品、原料及材料、机器设备及附件、电气设施、各种工具、建筑物及构筑物等所包含的不安全因素，都属于物的因素，即物的不安全状态。石油工业生产中使用的机器与设备，多数是重型的或大容积的，而且是在大负荷、高速、高压、高温或低温等严酷的工作条件下运行，同时机械化及自动化的程度也都比较高，大多数是连续运行。因此，针对物的不安全状态的形成与发展，石油化工企业在进行生产设计、工艺安排和具体操作时，应采取有效的控制措施，把物的不安全状态消除在生产活动开展之前或引发为事故之前。

（3）环境的不安全条件

这里所指的环境是作业人员具体的工作场所，即生产环境。石油工业生产的环境因素主要是通风排气、机器噪声、采光照明、物料摆放及生产场所的布局等能够导致事故发生的，或影响现场人员视觉、听觉、嗅觉、正常活动或精神状态与健康的不安全条件。石油工业生产的特点是，油气泄漏及排放点多，触发火灾爆炸事故的概率高，而且火灾爆炸事故一旦发生瞬间即可蔓延扩大。因此，及时发现、及时排除、及时抢救与及时逃避是至关重要的。

（4）管理方面的缺陷

管理方面的缺陷大体上可归纳为以下 4 个方面，即：

① 组织机构及人员缺乏，如安全机构不健全，人员配备不齐或素质较差，与有关职能部门的配合不够密切等。

② 制度上的缺陷，如安全生产责任制不明确、不周详、缺乏明确的监察和检查制度或不能落实，以及奖罚不明等。

③ 教育上的缺陷，如安全思想教育不深入、不普遍、不实际、不及时，安全技术培训走过场，以及未能有效地开展群众性的安全活动等。

④ 技术上的缺陷，如安全技术措施不完善，安全操作规程不能认真执行，检查有误，维修马虎，以及对系统本质安全化的审查不严等。

组织实施

① 分小组收集资料，分析石化企业事故发生的原因。

② 讨论石化企业为避免事故发生应采取哪些管理措施。

③ 总结造成石化企业安全事故的原因，完成论文。
④ 组织学生进行研讨论文的交流。

成果评价

论文评价标准（总分 10 分）
① 观点正确，在探索企业安全事故成因方面有独到见解。（3 分）
② 材料事迹来自生产实际，内容丰富翔实，真实可信。（2 分）
③ 能对企业安全管理有一定的指导意义。（2 分）
④ 论证严密，逻辑性强，语言精辟，行文简洁，有一定的文采。（3 分）

拓展任务

① 解读一份安全管理制度中蕴含的企业安全文化。
② 如何借鉴杜邦公司的安全文化和安全理念？

拓展项目

企业安全谜语比猜
① 瞎子驱动马达响（事故行为）
② 缘何丝丝难入扣（设备事故）
③ 箫笛如诉露风声（管路事故）
④ 伐（设备事故）
⑤ 阖家康泰（劳动保护工作用语，四字）
⑥ 御林军（劳动保护工作用语，四字）
⑦ 空头非穴女儿到，令下有误王者来（词语）
⑧ 有痛不敢启齿（一词）
⑨ 过去的龙门阵（一词）
⑩ 安全处（成语）
⑪ 过马路走人行道（劳动保护用具）
⑫ 错将古风当曹诗（三字安全管理用语）
⑬ 跳伞运动员（安全术语）
⑭ 女人加冠，男人称王（四字词汇）
⑮ 安全规章天天讲（安全用语）
⑯ 实（防护品）

测试

看看你的责任感

　　员工有没有责任感是任何一个老板都非常看重的，因为实践证明，只有具备强烈的责任感的人才会取得成功。一份工作刚做几天就觉得"没兴趣"或是嫌待遇不好而跳槽的人，是任何一个用人单位都不喜欢的。你有责任感吗？做做下面这个测试：

① 与人约会，你通常准时赴约吗？　A. 是　B. 否
② 你认为自己可靠吗？　A. 是　B. 否
③ 你会未雨绸缪，进行储蓄吗？　A. 是　B. 否
④ 发现朋友犯法，你会通知警察吗？　A. 是　B. 否
⑤ 出外旅行，找不到垃圾桶时，你会把垃圾带回家吗？　A. 是　B. 否
⑥ 你经常运动以保持健康吗？　A. 是　B. 否
⑦ 你忌吃垃圾食物、脂肪性过高或其他有害健康的食物吗？　A. 是　B. 否
⑧ 你永远将正事列为优先，再进行其他休闲活动吗？　A. 是　B. 否
⑨ 你放弃过选举权利吗？　A. 是　B. 否
⑩ 收到别人的信，你总会在一两天内就回信吗？　A. 是　B. 否
⑪ "既然决定做一件事情，就要把它做好。"你相信这句话吗？　A. 是　B. 否
⑫ 与人相约，你从来不会耽误，即使自己生病时也不例外吗？　A. 是　B. 否
⑬ 你曾经犯过法吗？　A. 是　B. 否
⑭ 在求学时代，你经常拖延完成作业吗？　A. 是　B. 否
⑮ 小时候，你经常帮忙做家务吗？　A. 是　B. 否

评分标准：选择"是"得 1 分，选择"否"得 0 分。

思考与练习

① 谈谈石化企业安全管理的重要性。
② 举例说明石化企业安全管理的重要环节。
③ 为减少安全事故人类应该做些什么？你能具体做些什么？
④ 如果你是一名管理者，你如何进行安全管理？

学习情境七

"有规矩能否成方圆"
企业制度文化主题辩论

学习目标

① 掌握企业制度文化的概念和内容。
② 认识企业制度文化在企业文化建设中的重要作用。
③ 学习企业制度,领会企业制度中蕴含的企业文化。
④ 掌握职场规则,提高遵守职场规则的意识。
⑤ 培养学生的企业主人翁意识和实干精神、团结协作精神。

任务描述

围绕企业制度文化,展开"有规矩能否成方圆"的主题辩论。对照某石化公司 QHSE 手册、程序文件及管理制度目录,排列出与个人关联最紧密的 5 个制度,并把 5 个制度中的主要内容制成摘要卡片。

案例

论题:温饱是谈道德的必要条件
正方:英国剑桥大学队
反方:中国复旦大学队
主席:各位来宾,观众朋友,今晚的辩题是:温饱是谈道德的必要条件。双方的立场是抽签决定的。正方是英国剑桥大学队,反方是中国复旦大学队。现在我宣布:1993 年国际华语大专辩论会初赛第四场正式开始。首先请正方第一位代表汤之敏表明立场和观点,时间三分钟。

正方汤之敏:各位好!今天的命题是:温饱是谈道德的必要条件。温饱是人最基本的生存需要,而谈道德是推行道德。温饱是谈道德的必要条件,也就是说,我们不能脱离温饱而空谈道德。

什么是道德?有人说,道德是判断是非好坏的价值标准。那么我问对方同学:判断是非好坏的基础到底是什么?归根到底是它是否符合人的需要。我再问对方同学:人要生存最起码的需要是什么?就是温饱。我再问对方同学:在温饱都达不到的时候,我们还要不要道德?当然不要。这就是说,温饱是谈道德的必要条件。

什么是道德?有人说,道德是人的行为准则。我问对方同学:那么定出行为准则是干什么的?定出行为准则是为满足人们生活需要的。我再问对方同学:人们要生存最基本最起码的需要是什么?就是温饱。我再问对方同学:人们定出这些行为准则如不能成为达到温饱的基本保证时,我们还要不要这些行为准则?当然不要。所以说"温饱是谈道德的必要条件"。

饥寒时,能不能脱离温饱而谈道德?当然不能。请问大家那么对于饥寒人最需要做的是什么?我们最需要做的是为他们解除饥寒,所以此时,我们最应该讲的是能够帮助他们求得温饱的道德。饥寒人最爱听的是什么?是能够帮助他们解除饥寒的道理,而不是脱离他们生活实际的空洞说教。我们谈道德,如果连温饱都不能保证,是不可能成立的。也就是说,温饱是谈道德的必要条件。

历史上,伯夷、叔齐耻食周粟,宁肯饿死,在那时,温饱是否就不是谈道德的必要条件?当然不是。伯夷、叔齐可算是仁人志士了,仁人志士的道德能不能示范推广,姑且不论,我问大家:仁人志士一生奋斗,为了什么?为的是救天下。那我再问大家:天下人要生存,最基本最需要的是什么?就是温饱。我还要问大家:如果仁人志士一生奋斗连人们的肚子都填不饱,他们还会不会那样做呢?当然不会。所以说温饱是谈道德的必要条件。(笑声、掌声)

主席:谢谢汤之敏同学。接下来我们请反方第一位代表姜丰同学表明立场和观点,时间也是三分钟。(掌声)

反方姜丰:谢谢主席,谢谢各位。刚才对方辩友把温饱放在了统包一切的地位,还问了我们很多问题。我要告诉对方辩友的是——温饱,比温饱更重要的是道德。人活着不仅仅是为了吃饭。

我方认为,温饱不是谈道德的必要条件,有理性的人类存在,才是谈道德的必要条件。只要有理性的人类存在,不论什么情况,都能谈道德,在追求温饱的过程当中,也应当谈道德。

第一,温饱绝不是谈道德的先决条件。古往今来,人类尚未解决衣食之困的社会比比皆是,都不谈道德了吗?今天,在衣不蔽体、食不果腹的埃塞俄比亚就不要谈道德了吗?在国困民乏的索马里就不要谈道德了吗?古语说,人无好恶是非之心,非人也。人有理性,能够谈道德,这已是人与动物的区别所在。无论是饥寒交迫还是丰衣足食,无论是金玉满堂还是家徒四壁,人类能够而且应该谈道德。

第二,道德是调节人的行为的规范,由社会舆论和人的良心加以支持。众所周知,谈道德实际包括个人修养、社会影响和政府倡导三个层面,而且从事实层面上看,人类历史上有衣食之困但仍道德高尚、品德非凡的例子,实在是不胜枚举。孔老夫子的好学生颜回曾经只有一箪食、一瓢饮,在逆境中,他不是照样严于律己有理性吗?杜甫在"茅屋为秋风所破"的时候,他不是还想着"安得广厦千万间,大庇天下寒士俱欢颜"吗?说到政府,新加坡不也曾经筚路蓝缕,李光耀总理告诫国人:"我们一无所有,所有的只是我们自己。"他强调:道德是使竞争力胜人一筹的重要因素。试想,如果没有政府倡导美德,新加坡哪有今天的繁荣昌盛、国富民强呢?

第三,所谓"必要条件",从逻辑上看,也就是有之不必然、无之必不然的意思。因此,对今天的命题,我方只需论证"没有温饱也能谈道德"。而对方要论证的是"没有温饱就绝对不能谈道德"。而这一点刚才对方同学恰恰没有自圆其说。

雨果说过:"善良的道德是社会的基础。"道德是石,敲出希望之火;道德是火,点燃生命的灯;道德是灯,通向人类之路;道德是路,引我们走向灿烂的明天。以上,我主要从逻辑上阐发了我方观点,接下来,我方辩友还将从理论、事实、价值三方面进一步论述我方观点。谢谢各位。(掌声)

……

评判团的代表钟志邦博士的讲评

我现在代表今晚的评判团在这里做一个非常简单的评论。我们今天晚上的辩题是,正方:"温饱是谈道德的必要条件";反方:"温饱不是谈道德的必要条件"。这个论题在表面看起来是非常平衡的,因此论题本身并没有对任何一方特别有利,或者有弊。

正方在开始的时候,第一位队员气势庞大,非常肯定,非常有把握,好像连珠炮那样自问自答,一直以一些机要的问题要对方来回应(笑声),非常有效,非常有说服力,可惜这个气势,这种非常难得的辩论技巧并没有在整个辩论过程中持续下去。而正方从开始到末了实际上并没有否定道德对人类社会的重要性,他们只不过是在重复地强调说我们不能离开温饱而空谈道德,这一点对反方来说并不容易回应,意思就是说正方一直在强调温饱和道德的关系是先后次序的问题,温饱是先决条件,先温饱而后谈道德才有意义。

正方也非常有力地反驳了反方一个论点,反方引证了历史上不少的事件和人物说明历代以来有不少伟人的人格是在不温饱的情况下建立起来的,这是反方的很重要的论点,但正方在回答的时候说:的确有不少这样的人,但是这些人,道德崇高的人,在不温饱的情况之下建立起人格的人,毕竟还是属于少数的,因此不能够变成普遍性。从这个角度来看,正方也许有一个弱点,就是在辩论当中没有很有效地、重复地把这个温饱和生存分清楚,这使得反方有机可乘。

反方一开始的时候就问了一个很重要的问题,第一位队员说,历代以来不是有很多社会达不到温饱吗?这是否意味着这些不温饱的社会的人就不谈道德了呢?当然历史的见证对他们有利,这一点使得正方不容易反驳。反方也在整个辩论过程当中没有否定温饱的重要性。他们只是强调,重复地强调:温饱不是谈道德的必要条件,那就是说人类在还没有达到温饱的情况之下还是可以谈道德的,并且必须继续谈下去。反方也举了不少例子,刚才已经说过了,历代以来的确有不少人是在很坏的情况之下——不温饱的情况之下——建立起非常崇高的道德人格的，并且反方第一位同学还引用雨果的话说："善良的道德是社会的基础。"反方始终以道德为前提，认为只有道德才能够真正使社会安定，并且给予社会以内容，因为这样最终才能保证人的温饱。反方也非常有力地引用了古代的罗马帝国以及现代的日本的例子说明了人在温饱了以后是可以走向道德沦丧的道路的。在辩论技巧这方面，风度和幽默感这些方面，我们发现有好几位队员都有相当突出的表现，引经据典、上下古今、妙语如珠、出口成章（笑声），使我们真是招架都来不及。在整队的组合、合作和配合这方面，我们很明显地看出反方的确比较强。

最后有关今晚在这八位队员当中有比较突出表现的，我们一致认为反方的第四位同学蒋昌建以及反方的第三位同学严嘉有很好的表现（长时间掌声）。正方呢，我们认为，刚才也提到了，第一位同学汤之敏，他开场的表现非常突出，如果他以及其他三位队友都能够这样坚持下去，今晚的情况可能不太相同（笑声、掌声）。总的来说，我们评判团认为今晚辩论的水平很高，我感觉非常欣慰。

知识链接

一、企业文化名言

国家富强靠经济，经济繁荣靠企业，企业兴旺靠管理，管理的关键在于文化。——于光远

企业里员工的习惯已经是定型的了，而习惯又造成了惯性思维，所以很多企业不是没有文化，而是没有好的文化，或者没有 CEO 理想状态下的文化。——李楠

世界上的一切都必须按照一定的规矩秩序各就各位。——莱蒙特

放松管理犹如病毒，它会感染、传播，最终使整个企业瘫痪。除了事后杀毒外，最好的办法莫过于建立防火墙，最大可能地堵塞漏洞。

二、理论知识

企业的运转是要求有制度作为保障和支撑的，只有将制度管理与人文管理有机结合起来，营造出良好的企业制度文化氛围，才能使制度文化形成一种习惯性意识根植于每一位员工的头脑中，从而打造出一种具有特色的企业优势资源并最终转化为生产力。

（一）企业制度文化

1. 制度与制度文化

什么是制度？综合多种解释，制度是通过权利与义务来规范主体行为和调整主体间关系的规则体系。从这个定义的内涵上看，制度作为一种权利与义务的分配规则体系，它规定了人们在现实生活中的实际活动范围以及基本行为方式或模式；从外延上看，制度作为一种社会的规范形态，是通过特定组织的强制力来保证实施的制约主体行为和主体间关系的特定规范。而企业的制度是企业为保证各项活动有序进行而制定的规章、规程和规范，集中体现了企业理念对员工和企业组织的行为要求，是企业行为识别系统的重要内容。

文化一般是指精神活动的范畴，包括社会意识形态和社会心理，所以说制度文化实际上就应当是讲与制度相关联的意识形态和社会心理。制度文化本身是个中性概念，没有褒贬之分，而这里我们提到的企业制度文化是企业中制度意识形态以及与其相适应的社会规范、制度及组织机构和设施等的总和。

企业制度文化是企业在长期的生产、经营和管理实践中产生的一种文化特征和文化现象，它是企业文化中人与物、人与企业运营制度的中介和结合，是一种约束企业和员工行为的规范性文化，它使企业在复杂多变、竞争激烈的经济环境中处于良好的状态，从而保证企业目标的实现。它既是企业为了保证实践目标而形成的一种管理形式和方法的载体，又是企业从本身价值观出发形成的一种制度和规则。

企业制度与企业制度文化不是同一概念，企业制度是企业为了达到某种目的，维持某种秩序而人为制定的程序化、标准化的行为模式和运行方式，它仅仅归结为企业某些行为规范；而企业制度文化强调的是在企业生产经营的活动中应建立一种广大员工能够自我管理、自我约束的制度机制，这种制度机制使广大员工的生产积极性和自觉能动性不断得以充分发挥。当企业制度的内涵未被员工心理接受时，其仅仅是管理规范，至多是管理者的"文化"，对员工只是外在的约束，只有当企业制度的内涵被员工心理接受并自觉遵守时，制度才变成一种文化。

2. 加强制度文化建设的重要意义

组织的制度化运作，能够使组织成员对于恰当的、基本的、有意义的行为有共同的理解，确保企业价值观被认可与贯彻。制度化是企业价值观落地的前奏，它包含两层含义：一层含义是指价值观必须充分体现在企业的制度安排和战略选择上，使企业员工的价值理念充分体现在企业的实际运行过程中；另一层含义是指价值观作为企业倡导的价值理念，必须通过制度的方式统率员工的思想，任何员工都必须在思想上接受企业的价值观，价值观作为员工在思想上的制度而存在。

在企业中，文化理念（价值观）和行为规范作为一种倡导，有时其约束功能显得很不足，管理者时时面对的是文化背离，也就是与价值观不一致的言与行，这时候，制度的刚性弥足珍贵。张瑞敏在刚掌管海尔的时候，如果天天喊追求卓越简直就是闹笑话，那他是如何做的呢？强化制度刚性，如"不准随地大小便"。慢慢地，海尔人有了更高的文化追求，"真诚到永远"成了海尔的文化象征，海尔的企业制度成了企业管理规范的一种象征，制度升华为文化，成为海尔人的文化自觉。

当企业不断发展壮大后，领导者的意志已经不能有效地覆盖企业的各个方面，客观上需要企业根据自己的业务状况制定和执行科学的管理制度和业务流程，规范组织和人的行为，明确职责，有效监督，形成一种决策科学化、流程标准化、考核系统化的管理模式。

3. 企业制度文化建设的主要内容

企业制度文化建设主要包括三个方面的内容，分别是企业领导体制、企业组织结构和企业管理制度。企业领导体制的产生、发展、变化，是企业发展的必然结果，也是文化进步的产物。企业组织结构是企业文化的载体。企业管理制度是企业在进行生产经营管理时所制定的、起规范保证作用的各项规定或条例。

企业领导体制：它是企业领导方式、领导结构、领导制度的总称，其中主要是领导制度。企业的领导制度，受生产力和文化的双重制约，生产力的提高和文化的进步，就会产生与之相适应的领导体制。在企业制度文化中，领导体制影响着企业组织结构的设置，制约着企业管理的各个方面。所以，企业领导体制是企业制度文化的核心内容。一个好的领导体制，可使企业管理者形成一致的目标、产生强烈的动机为之努力，并可在员工中产生较强的号召力和影响力。

企业组织结构：它是指企业为了有效实现目标而建立的内部各组成部分及其关系。企业组织结构好比一幢建筑的框架，它对企业的生存和发展有很大的影响。因此，组织结构是否适应企业生产经营管理的要求，对企业生存和发展有很大的影响。不同的企业文化，有着不同的组织结构。企业目标、内外部环境、员工素质、领导体制等都会对企业的组织结构构成影响因素。组织结构形式的选择，必须有利于企业目标的实现。

企业管理制度：它是企业为实现目标，在生产管理实践活动中制定的各种带有强制性义务并能保障一定权利的各项规定或条例，包括企业的人事制度、生产管理制度、民主管理制度等一切规章制度。企业管理制度是实现企业目标的有力措施和手段。它作为职工行为规范的模式，能使职工个人的活动得以合理进行，同时又成为维护职工共同利益的一种强制手段。因此，企业各项管理制度，是企业进行正常的生产经营管理所必需的，它是一种强有力的保证。企业管理制度是实现企业目标的强制措施。合理的管理制度会充分调动企业职工的积极性，有利于职工主观能动性的发挥。科学、完善、实用的企业管理制度是与优秀的企业文化相辅相成的。

（二）企业制度文化建设

1. 企业制度文化的构建

邓小平同志曾指出，一个社会的制度好，会使坏人不敢做坏事；制度不好，会使好人不敢做好事。企业亦是如此，如果企业的制度根植于企业的运营实践，能够与企业的行业特征、地域特征、文化特征等紧密地结合在一起，就能起到规范企业人行为的目的，逐渐使制度所约束的行为转变成企业的自觉行为，推动企业的发展。反之，如果企业的制度脱离于企业实际之外，与文化相背离，就会大大降低制度的执行力，受到企业员工的抵制，阻碍企业的发展。

我国对企业文化的研究起步较晚，对制度文化的研究大大滞后于西方发达国家。因此，企业制度文化建设也表现出许多相对不成熟的方面，如我国企业普遍存在着企业领导体制运作不规范、企业组织结构不完善、企业管理体制中激励机制不得力和制度文化的执行机制不科学等。

从制度文化的层面来看，制度文化包括领导体制、组织结构和企业管理制度三个方面。所以，当我们谈企业制度文化建设的同时，也要分别从领导体制、组织结构和企业管理制度三个方面入手，协调进行，从而让制度真正"文化"起来。大型企业集团的制度建设具有一些明显的集团特征，在制度建设中我们也需要予以充分考虑。

2. 企业制度建设

企业制度的制定要从企业的经营实际出发，充分考虑到企业内外多方面的因素。既要考虑行业特征的影响，又要涉及区域文化、人文特征等对企业所产生的影响。制度是任何一个社会及组织团体正常运转必不可少的因素之一，是企业进行正常的生产经营管理的强有力的保证。

（1）企业制度制定应遵循的原则

① 合法性原则：企业制度的制定一定要依据和遵守国家的法律、法规、政策，不得与国家的法律、法规、政策相抵触，而应在企业管理中贯彻、融入国家的法律、法规和政策。只有这样，才能保证制度的合法性。

② 平等性原则：制度面前人人平等。上至老总，下至一般员工，都应该充分尊重制度的权威性。好的制度应对企业所有成员都具有同等且硬性的约束力。

③ 可行性原则：制度要与企业的经营实践相结合，要具有一定的可行性。没有可行性的制度形同虚设，不仅不能给企业管理带来一定的辅助，还会给制度的推行造成很大的困难。

④ 严肃性原则：企业内部管理制度一经正式推行，企业中的每一位员工，不论是领导还是普通职员都应照章行事，做到有章必依，违章必究。否则，制度就会缺乏权威性、严肃性，变得苍白无力，企业管理也就不可能成功，必将陷入管理松懈、纪律涣散的危险境地。

⑤ 稳定性原则：制度应具有稳定性，切不可朝令夕改。不断变化的制度不仅会影响人的行为判断，也会使制度的权威性受到挑战。

（2）确定制定制度的理念

制度建设要立足于企业的实际，与企业战略目标相结合；制度建设不能是大幅度的改革变动，而是对现有机制的改良；制度建设要能为企业决策提供保障；制度建设要与员工职业化发展结合起来；制度建设要推动管理与工作效率的提高。

（3）制度建设的过程要民主、公正和规范

企业的制度是全员的制度，因此，企业制度的建立需要全员的共同参与，要有民主性和规范性。同时，制度还必须是公正的，它既要体现领导的意志，也要体现一般员工的意志。

（4）制度的执行要有公平性、激励性

对员工行为的规范约束是企业制度的一大作用，它强制员工遵守制度所规定的行为准则。因此，在制度执行过程中，要坚持公平性和激励性相结合。公平性可以减少制度执行过程中所遇到的阻力。激励性可以促使员工主动自觉地去遵守和维护制度。这里所说的激励应包括奖励和惩罚，如企业考勤制度的制定方面，迟到和早退要受到惩罚，同时，员工全勤也可以采用一些奖励措施。

组织实施

① 学生分组，抽签确定辩论的正方和反方，辩手进行论辩准备。
② 组织学生进行"有规矩能否成方圆"的主题辩论。
③ 进行主题辩论的讲评。

成果评价

整体辩论评分标准（总分 10 分）
① 全队整体配合默契，能充分论证本方观点。（3 分）
② 论点明晰，论据充足，引证恰当，分析透彻。（3 分）
③ 反应敏捷，应对能力强，恰当把握现场气氛。（2 分）
④ 分析的角度新颖，层次分明，逻辑性强。（2 分）
辩手评分标准（总分 10 分）
① 辩手个人的语言表达能力。（3 分）
② 辩手个人的辩论艺术、技巧。（4 分）
③ 辩手个人的形象、气质。（3 分）

拓展任务

对照某石化公司 QHSE 手册、程序文件及管理制度目录，排列出与个人关联最紧密的 5 个制度；把 5 个制度内容制成摘要卡片。

拓展项目

词语大串联

首先，全队的十几位同学，每人在一张纸上随机地出十个词（词的选择一定要随机，不必有什么关系，可以看到什么写什么，想到什么写什么，越随机越好，跳跃性越强越好）。由教练将所有的词统一收去，打乱，再随机地发下来，在一张纸上写下随机的十个词。经过几分钟的考虑，讲给大家听，要求首先要连贯通顺，前后不能矛盾，文笔尽量优美，有条理，有逻辑，可以抒情，也可以叙事，一定要在这段话中包含所列出的这些词。但注意，不要太长。根据词语的运用和这段话的完整性分别给予加分。

词语示例：星星、猩猩、李斯、熔岩、珍珠、桌子、树、黄山、成本、兵马俑。
音乐、足球、网络、电脑游戏、鼓、吉他、金属、朋友、信念、胜利。
一心一意、二目无光、三餐不食、四肢无力、五谷不分、六亲不认、七窍不通、八面威风、九曲黄河、十年寒窗。

测试

对自己的执行力进行一次测试

所谓执行力，简单地说，就是保质保量地完成自己的工作和任务的能力。企业管理专家指出，一家企业的成功，30%靠的是战略，30%靠的是运气，另 40%靠的是执行力。可见，执行力是何等重要，仅有战略和运气是不行的,必须有强大的执行力。执行力对于每一名员工来说,都是其必不可少的能力。如果说,领导者是指令的发布者,那被领导者则是指令的执行者。假如员工不具备执行力或执行力较差,那么即使领导者具有再伟大的设想、再优秀的战略,也都将失去任何意义。而对你而言,如果你的执行力很差,你就不可能有高的工作效率和好的工作业绩,等待你的只能是失去工作的结局。

这套测试将帮助你对自己的执行力进行一次全面的测试。请在5分钟内完成。答案只需回答"是"或"否"即可,可在括号中用"√"或"×"表示。

① 你能在旧的工作岗位上轻而易举地适应与过去的习惯迥然不同的新规定、新方法吗?(　)
② 你进入一新的部门,能很快适应这一新的集体吗?(　)
③ 你是否善于倾听?(　)
④ 对于工作中不明白的地方,你会向领导提出疑问吗?(　)
⑤ 如果你了解到在某件事上上司与你的观点截然相反,你还能直抒己见吗?(　)
⑥ 今天上班天气似乎要变,带雨具又麻烦,你能很轻松地做出决定吗?(　)
⑦ 星期一,上司要你星期五下班后提交一方案,到了规定时间,你发现自己的方案有不完善的地方,而且周末上司外出度假,你认为应该保证质量,到下星期一再上交吗?(　)
⑧ 平时你能直率地说明自己拒绝某事的真实动机,而不虚构一些理由来掩饰吗?(　)
⑨ 做一项重要工作之前,你是否尽可能获取最好的建议呢?(　)
⑩ 做一项重要工作之前,你会为自己制订工作计划吗?(　)
⑪ 你善于为自己寻找合适的借口,来掩饰工作中的小错误吗?(　)
⑫ 为了公司整体的利益,你甘于得罪某人吗?(　)
⑬ 你是否充分信任自己的合作者呢?(　)
⑭ 对于一执行困难的工作,你是否能全力以赴地执行使命呢?(　)
⑮ 对自己许下的诺言,你是否能一贯遵守?(　)
⑯ 你认为自己勤奋而不疏懒吗?(　)
⑰ 你常有顺利完成工作的自信吗?(　)
⑱ 辛苦工作之时,你是否仍能保持幽默感呢?(　)

思考与练习

① 谈谈企业制度文化对企业的重要性。
② 找一个企业制度文化的案例,对其进行分析。
③ 你将如何运用制度管理你自己的企业,并形成自身特色的制度文化?

学习情境八

扮演职场角色

学习目标

① 掌握企业行为文化的概念和内容。
② 了解企业家行为与员工行为中所蕴含的企业文化。
③ 初步了解职场规则与员工行为规范。
④ 培养学生正确理解企业行为文化的能力。
⑤ 培养学生树立企业和自身良好形象的意识。

任务描述

通过观看企业行为文化方面的视频及阅读文字案例,了解什么是企业行为文化,尝试创作职场情景剧,以角色扮演的形式表现出来。在表演的过程中,加强对企业行为文化的感性认识。

案例

企业文化情景剧——我的安全我做主

人物:
班长大周:男,45 岁
玲姐:女,46 岁

小张：女，24岁

小李：男，25岁

老王：男，39岁

企业安全漫画《未雨绸缪》（作者：金鑫）

第一幕　晨　车间

（背景音乐《咱们工人有力量》响起，玲姐上）

玲姐：提起我们班长大周，那真是个好人，可就是有一点，太啰唆，一天到晚"安全安全安全"，哎呀，听得我们耳朵都起茧子了，我们私底下都叫他"周啰唆"，咦，您瞧，我们的啰唆班长他来了……

（班长大周上）

班长：集合！

（小张、小李上）

班长：现在进行自我展示，我是班长大周，带班不能靠吼，发挥全班优势，安全生产第一。

小张：我是班员小张，活泼开朗大方。

小李：我是班员小李，儒雅斯文有礼。

玲姐：我是班员玲姐，维护全班团结，人称知心大姐。

班长：我们班的口号是——

众人（齐）：我的岗位我负责，我的安全我做主。

班长：你们哪，哎，不对，少了一个人！咦，哦，老王。

（老王上）

老王：哎，来了，来了，哎呀妈呀，好险，刚刚好！（自言自语）黑心老周真扣钱哪。（高声）班长，您听我跟您说呀，您别看我人很随意，对早饭可真是挑剔，好不容易想吃碗热汤面吧，那黑心老板还不给稀饭，跟我说什么稀饭还没熬好呢，谁信哪。

班长：人都到齐了，咱们开班前安全会。

老王：班长开会是吧，好嘞，我给您老人家召人去。哎，同事们，班长开会嘞。（回头摆弄班长）班长，正面给观众，保持一个正面形象！

（众人站成一排）

班长：目前形势是这样的，五——
小张：五反五抓！
班长：干活之前要——
老王：要心想实干！
班长：我的安全我做主——
小李：别人的安全我有责。
班长：我经常跟大家讲啊——
众人：班长啥也别说了，我们都知道了……
班长：好了好了，严肃点。施工作业一定要注意安全，特别是三不伤害，一定要当心。
老王：末将遵命！（小声嘀咕）这老小子真啰唆。（走开）
班长（看到小张，小张头发露在安全帽外）：这发型不错啊，正面章子怡，瞅瞅后面，巩俐！
小张：不要这样说人家啦，人家不好意思的啦。
班长：这不行，工作时间一定要把头发放进安全帽里，高空作业一定要把安全带系好，干活的时候一定要注意点！
小张：晓得了晓得了，啰唆。（走开）
班长（看小李）：小李啊，高空作业一定要把安全带系好，干活的时候要悠着点，不要把它当蹦极玩。
小李：知道了，班长。（走开）
班长：年轻人哪！（看玲姐）玲姐，今天施工作业的时候你负责监护，你一定要做好保护措施，不要溜号开小差。
玲姐：知道啦，你呀，你可真是个周啰唆。（走开）
班长：好啦，各就各位，干活。

第二幕　上午　施工场地

老王（施工）：我的亲娘啊，这大热的天，非得戴这破安全帽，我还就不信啦，我老王干这么些年，还没出过事。（把安全帽摘掉，不久，天降鸟屎，砸到脑袋）呀，呸呸，这倒霉，咋还有鸟屎哩！

（小张戴安全帽干活，天降一颗水泥钉，落在安全帽上后滑落）

小张（摸脑袋，抹把汗）：搞什么搞，玩飞镖呀。天哪，多亏这安全帽啦！不然，脑袋不砸个窟窿。

（玲姐保护小李施工的同时和小李聊天）

玲姐：小李啊，大姐前几天给你介绍的姑娘漂不漂亮呀？
小李（不好意思）：呵呵，漂亮！
玲姐：人家条件好不好呀？
小李：好！
玲姐：有没有感觉呀？
小李（更加不好意思）：有感觉，有触电的感觉！（突然脱手滑坠）哎呀！

（幸亏安全带将小李拽住）

玲姐：呀，我的妈哎！

小李：唉，还好，有这个安全带，不然……

第三幕　午　车间

（众人搀着小李进）

玲姐：班长，不好啦！出事啦！

班长：这安全哪，我天天讲，夜夜讲，这几个人哪，都让我放心不下，看，怕什么来什么。

老王：班长我跟你说，我服了你了，都怪我们把你的话忘在脑后。教训惨痛哪。

班长：平时总嫌我啰唆，这回咋样，有教训了吧。

小张（惭愧）：班长，平时我们总嫌你啰唆，这回才知道，你是对我们关心爱护哪。

小李（低头脸红）：班长，你批评我们吧。

班长：好啦，吃一堑长一智，以后一定要戴好安全帽，系好安全带，一定要注意安全哪。

众人（齐）：我们知道了，班长！

班长：好了，把咱们安全口号再喊一遍。

众人（齐）：我的岗位我负责，我的安全我做主。

（剧终）

（资料来自荆门石化公司"安全理念故事会"活动）

知识链接

一、企业文化名言

文化之链条十分迂回曲折地穿过所有的文明民族。每个民族中，文化表现出大小不一的价值，并且有种种样样原则。——约翰·赫尔达

文化处于这样一种进退维谷的境地：深刻而卓越的文化必然始终罕见，而常见的文化总是浅薄平庸的。——桑塔亚那

任何一个文化的轮廓，在不同人的眼里看来都可能是一幅不同的图景。——布克哈特

一个团队有演员、导演、制片人；一个人角色的"自我超越"，是在团队中能力的自我超越。

二、理论知识

行为文化是企业文化在人身上表现出来的做事与做人的各种行为活动。通过全体职工的言行举止可感受到企业的行为文化，并透过它体会出企业全体职工所共同遵守的价值观念，从而深刻地感受到该企业的企业文化。行为文化一旦形成，就会在企业中造成一定的气氛，并形成企业全体职工的心理定式，从而造成影响全体职工的无形的巨大力量。

（一）企业行为文化概述

企业的行为文化，是指企业员工在生产经营、学习娱乐中产生的活动文化。它包括企业经营、教育宣传、人际关系的活动、文娱体育活动中产生的文化现象。它是企业经营作风、精神面貌、人际关系的动态体现，也折射出企业精神和企业的价值观。

（二）企业行为文化分类

从人员结构上划分，企业行为包括企业家行为、企业员工行为、模范人物行为。企业行为文化则包括企业家行为文化、企业员工行为文化、模范人物行为文化。

1. 企业家行为文化

企业的文化主要是由企业家导向的，企业文化烙上了企业家的个性、志趣情操、精神状态、思维方式和目标追求，企业家的行为对企业文化起着决定性的影响。有什么样的企业家，就有什么样的企业和企业文化。企业家是企业文化的设计者、倡导者、推动者、弘扬者。优秀的企业家通过实现自己人生的崇高理想和信念，将自己的价值观在企业的经营管理中身体力行，以形成企业共有的文化理念、企业传统、风貌、士气与氛围，也形成独具个性的企业形象，以及企业对社会的持续贡献。

（1）企业家的含义

企业家不仅包括创业企业家，也包括具有一定创新精神的企业高层管理者。企业家必须具备这样一些能力：

① 管理协调能力，即对各种投入要素进行整合的能力。

企业家对各种生产要素的整合能力是影响企业组织、创新、盈利的关键因素。企业家要能够把每个生产配置到效率最高的生产经营环节，同时也要能够平衡不同要素所有者之间的利益关系，缓和各方矛盾，创造最佳环境。因此，企业家是一个重要的要素协调者。

② 识别市场获利机会的能力。

识别市场获利机会的能力，是指能够以足够低的成本满足市场需求并获取盈余的可能性。

③ 企业家必须有一定创新能力。

创新的过程是将机会转化为利润的过程。企业家可以凭借自己丰富的经验和敏锐的观察力，及时地识别市场机会，并通过制定和执行创新决策而获取利润。

④ 识别和承担风险的能力。

企业家须具备识别风险的能力。在市场竞争中，风险无时不在，企业家需从纷繁错综的市场现象中，识别风险程度，并有规避、抗击、抵御以及承担风险的能力。

⑤ 有捕捉信息、鉴别信息的能力，有洞察事物和果断决策的能力。

企业家应对与企业有关的信息有所把握，并予以鉴别，并在甄别信息之后，在相关信息中获取有利决策的信息内容。

（2）企业家的素质

企业家的素质直接关系到企业的生存发展、创新壮大。企业家必须有如下素质。

① 心理素质。指企业家个人的心理条件，由企业家的自我意识、气质、性格、情感、价值观等心理要素构成。

② 品德素质。指企业家从行为、作风中表现出来的思想、认识、品性等方面的特征。
③ 知识素质。包括管理哲学、社会科学、技术科学。
④ 经验素质。企业家在经营管理活动方面实践锻炼和经验的积累。
⑤ 能力素质。企业家把知识和经验有机地结合起来运用于经营管理的过程。包括：决策能力、组织能力、协调能力、创新能力、激励能力、用人能力、规划能力、判断能力、应变能力、社交能力。

企业家是一个特殊的群体，要想成为合格的企业家，需要在以上各方面做好充分准备，要在行动上表现出企业家的高素质。

（3）企业家对企业文化的作用

企业家精神和企业家形象是企业文化的一面镜子，同时企业文化也是企业家素质水平、创新精神的综合体现。企业家在企业文化建设中的作用表现在如下方面。

① 倡导作用：企业家是企业文化的倡导者和教育者，企业家在企业中既是卓越的管理者，又是员工的思想领袖，他以自己的创业实践以及新观念、新思维、新的价值取向来倡导和培植卓越的企业文化。企业家的个人价值观以及创业实践和以往经验，往往会给企业共同价值观念的形成以深刻的影响。这是由企业家在企业中所处的特殊地位决定的。企业家的倡导是企业文化确定形成的推动力量。企业员工接受企业整体价值观并内化为个人的行为准则，企业文化才能形成并发挥作用。

② 塑造作用：优秀的企业文化是在企业长期实践的自觉活动中产生的，企业家的素质与能力直接影响着企业文化。企业家是企业文化的塑造者，肩负塑造企业文化的重任。企业家从本企业的特点出发，将自己的经营理想、经营方式、价值观、伦理观等融合成企业的宗旨、企业的价值观，并逐渐为广大职工认同并遵守完善。企业家还可以把自己个性化的经营管理风格发展完善为个性化的企业文化。塑造企业文化是一个动态的、持久的过程。企业家只有形成一套企业文化理论体系，并坚持去运行、完善，才能最终形成优秀的企业文化。

③ 示范作用：企业家身体力行、示范推广，企业文化建设才能显出成效。为使企业树立鲜明的企业精神，让职工信守企业价值观，企业家首先要做出表率。优秀的企业家是企业文化建设的楷模，是企业文化的示范。企业家通过自己良好的形象在职工中产生模仿效应，从而促进企业文化向更好的方向发展。

④ 鼓动作用：企业文化建设需要企业全体成员的认同和支持，需要全体员工共同培育。这就需要企业家通过持久有力的宣传鼓动，使企业文化建设成为广大员工的自觉行动，使企业的价值观逐渐成为职工自觉遵守的行为准则。

2. 企业员工行为文化

企业员工是企业的主体，企业员工的群体行为决定企业整体的精神风貌和企业文明的程度。因此，企业员工群体行为的塑造是企业文化建设的重要组成部分。

（1）员工行为文化的内涵

员工的行为文化是企业文化在员工身上表现出来的做事与做人的各种行为活动。通过全体员工的言行举止可感受到企业的行为文化，并透过它体现企业全体员工所共同遵守的价值观念，从而深刻地感受到企业的文化。管理者为员工的行为提供了示范，先前的文化教育、生活习惯、性格影响着员工。

（2）优秀员工的行为

作为员工，既要考虑自己的追求，又要考虑企业的利益。要将自己的奋斗目标与企业的发展结合在一起，才是正确的。因此，要成为优秀员工，应做到以下方面。

① 要有责任心。责任心有时更重于能力。一个人没有责任心，肯定无法做好工作。工作努力、认真、细致，才可以确保工作少出错。

② 做事做到位。做事不到位会导致效率低下，资源浪费。"效率高，效果好"才是做事到位的表现，才对企业有利。

③ 高标准做事。员工要对自己严格要求，坚持高标准。对每件小事都要按公司标准去做，以提升自己的技能，激发自己的智慧。

④ 注重学习，勇于创新。员工要做学习型员工，要养成良好的学习习惯，从而不断创新，不断进步，也同时提高企业的竞争力。

⑤ 团结协作。员工要善于与他人团结协作，不计较个人得失，要有大局观念和整体意识。学会主动沟通，化解矛盾。

（3）员工群体行为塑造

员工群体行为塑造是企业文化建设的重要组成部分：

① 激励全体员工的智力、向心力和勇往直前精神，为企业创新做出实际贡献。

② 把员工的工作同员工的人生目标联系起来。

③ 每个员工必须认识到企业文化是自己最宝贵的资产。它是个人与企业成长必不可少的精神财富。

（4）如何展现员工风貌

① 让员工成为企业的主体方式。树立参与观；树立社会责任观念；树立敬业精神；树立团队观念。

② 培养员工素质的几个方面。文化素质；心理素质；道德素质。

③ 员工精神激励的方式。目标激励；行为激励；竞赛激励；环境激励；反馈激励。

3. 模范人物行为文化

见学习情境九"'学习企业模范人物'主题演讲"。

组织实施

① 组织学生利用网络、视频以及文字资料，了解企业行为文化案例。

② 将学生分为几组，以小组为单位编写职场剧本，并进行模仿表演或创造性表演，要求在表演中体现出企业行为文化。

③ 所有学生表演完毕后，以小组为单位进行总结讨论。每组推选出代表，对自己小组的表演进行总结，并对其他小组的表演进行点评，在评述中上升到对企业行为文化的认识。

④ 由教师进行综合评价。

成果评价

评分细则（总分20分）

表演：
① 态度积极、准备充分（2分）；表演到位、细节突出（2分）；语言表述清晰（2分）。
② 表演时间充足。（以小组为单位总评，2分）
③ 表现精彩。（2分）
评述：
① 对自己的表演水平有清晰的认识，能中肯地评述自己的得失。（3分）
② 能对其他小组提出中肯意见，在表演水平、行为文化表现方面的阐述有一定见解。（3分）
③ 语言流利清晰。（2分）
④ 时间充足。（2分）

拓展任务

联系专业课上所学的知识，谈一谈石化企业员工需具体遵循哪些行为规范。

拓展项目

考察眼力

项目规则：
① 将一些办公用品放到桌上。
② 将学生分成若干小组。向每个小组说明，游戏方法是每个小组写出所看到的物品。
③ 让各个小组成员观察桌上的东西，时间1分钟。
④ 当每个小组成员回到各自座位后，给他们2分钟时间，让他们写下自己记得的物品，然后记录员写出一张整个小组物品总清单。
⑤ 与实际情况出入较小者胜。
⑥ 通过这张清单向团队成员说明：通过团队协作能比个人独立工作取得更好的效果。
经验值：培养团队协同能力。

测试

你工作的主动性怎样

工作效率高的人具备自动自发的好习惯。自动自发不是别人指使你干什么，而是自己主动去干什么，它是一种自觉、一种忠诚、一种信念、一种自信之心。罗斯福曾说过："杰出的人不是那些天赋很高的人，而是那些把自己的才能尽可能地发挥到最大限度的人。"

对你而言，你工作的主动性又怎样呢？通过下列测试你就会了解。本测试测评人工作的主动性，共10题，每题有三个答案，请根据实际情况，选择适合自己的答案。

① 在工作中，对于你力所能及的事情，你愿意：

A. 与别人合作　　　　B. 说不准　　　　C. 自己单独进行

② 在接受困难任务时：

A. 有独立完成的信心　　B. 拿不准　　　　C. 希望有能力强的人与自己一起进行

③ 你对自己的工作能力：

A. 充分相信　　　　B. 很不相信　　　　C. 介于A、B之间

④ 解决问题借助于：

A. 独立思考　　　　B. 与别人讨论　　　　C. 介于A、B之间

⑤ 对上司布置的任务：

A. 为保证质量，需要反复检查　　　　B. 在规定时间内完成，并保证质量

C. 常能提前完成，并得到上司赞赏

⑥ 在社团活动中，是不是积极分子：

A. 是的　　　　B. 看兴趣　　　　C. 不是

⑦ 上司指派你做一些简单的工作，你会：

A. 认为上司看不起自己　　　　B. 心中有抱怨，但仍会把工作做好

C. 不管工作多少，始终尽心尽力

⑧ 对于一件许多人都不愿意做的艰巨工作，你会：

A. 主动请缨，相信自己的能力　　　　B. 如果上司指派，自己会尽力做好

C. 不显露自己，更不自寻烦恼

⑨ 在工作上，喜欢独自筹划或不愿别人干涉：

A. 是的　　　　B. 不好说　　　　C. 喜欢与人共事

⑩ 你的学习多依赖于：

A. 阅读书刊　　　　B. 参加集会讨论　　　　C. 介于A、B之间

思考与练习

① 谈谈企业行为文化有哪些。

② 谈谈企业行为文化对企业的重要性。

③ 找一个你所了解的企业，就此企业的企业家文化进行解读。

④ 搜集一家石化企业的行为文化并进行分析。

学习情境九

"学习企业模范人物"主题演讲

学习目标

① 了解企业行为文化中的模范人物行为。
② 了解优秀的企业行为文化,养成优良的行为习惯。
③ 训练综合分析与口语表达能力。
④ 培养学生的企业主人翁意识和团结协作精神。
⑤ 培养学生对企业文化进行宣讲介绍的能力。

任务描述

以演讲的形式,讲述一个企业模范人物的先进事迹,以及对此模范人物的评价,并号召广大员工向企业模范人物学习。

案例

青春的痕迹

赵佳森

各位老师、同学们:

大家好!

很高兴能参加今天的大会,借此机会向我的母校致敬,向培养我、教育我的所有老师致敬,向在座的同学和精英问好。看着你们满怀豪情的生活和学习状态,我非常羡慕你们。校

园里的一切,我还是那么熟悉。套句俗语:"校园里真好、老师真好、同学真好。"大家对我不是很熟悉,自我介绍一下,我叫赵佳森,是我校2005届高职毕业生,现任职于锦州石化公司重整车间。

很荣幸受母校老师的邀请和大家一起分享一下我本人工作五年来的经验和体会,也借此机会向母校汇报一下我的工作情况,请老师及学弟、学妹们指正。2005年毕业的我,怀揣着梦想,投身到工作中,五年的工作时光过得很快,转眼间我已经成为岗位上合格的操作员。

古训云:天行健,君子以自强不息。走出校门,大家可能都有一种梦想或困惑,等待我们的是什么?我们怎样才能做得更好?怎样才能给老师争光、给自己争气?当初我也和你们一样,心中怀着五彩缤纷的梦想,但经亲身经历、打拼后才明白:幻想中的辉煌是不存在的,只有脚踏实地做好本职工作,才能把美丽的梦想用一生来实现。我想说:走自己的路,让时间去检验真理的确是永恒的。因为我们成长和成熟的过程就是不断塑造自己的过程。

五年前,我刚刚迈出校门,怀着步入社会的兴奋和茫然,憧憬着美好的未来和对工作的渴望,走上了工作岗位。还记得刚刚工作时候的稚嫩,初到工作岗位,发现自己对什么都很新奇,但面对锦州石化公司这样一个科技含量高、历史悠久的企业,我深刻感觉到在学校学到的知识还远远不够,要学的知识还是很多。有了目标,你就有了一股无论顺境、逆境都勇往直前的冲劲儿,目标能使你取得超越你自己能力的东西。于是我经常在老师傅身后问这问那,和师傅们一起操作和巡检。俗话说,勤能补拙,细致才能入微。面对着管线纵横,面对着师傅期盼的目光,我暗下决心,吃得苦中苦,流下全身汗,才能用行动赢得大家的信任。每次学习和操作我都要求自己比他人多留心、多记录。每做完一件事,我都要从中找出所以然或需要补充的知识,和老师傅们一起交流,学习和掌握工作的方式和工作的技巧,回去做好总结笔记,不断地积累经验,充实自己。

"时代骄子"是多么美好的称谓。但时过境迁,作为一名大学生,准确地来讲应该是未来的员工,我们必须要认清自己的位置,厘清自己生存和思想模式,用理论结合实际在不同的时期去体现自己的价值。价值大家都懂，但每个人在企业中所体现出的价值真的不一样。但努力和汗水确实和价值成正比，只不过是时间的问题。你们现在的身份是学生，那就要在校园里找准自己的位置，摆正一些固有的、适应社会的定式，去体现你们的价值。随着科技的不断进步和各个企业发展愿景不同，市场对人才的要求也在不断地发生着变化，对人才的素质要求也就逐年提高。作为石化高职毕业的我们，毕业、就业和毕业就失业那的确是一种考验。怎样才能适应市场需求呢？怎样才能让用人企业和单位乐于接受我们，乐于接纳我们？我们的学校在努力，我们先于你们就业的学哥、学姐们在努力。更重要的是，你们也一定要努力！也许有很多人会说，就业是不是很困难，原因或归咎于这或那。我在公司的单身公寓生活，也时常听到学弟们暗自神伤，觉得高职学院毕业的学生如何如何！但我想告诉他，体现人生的价值不能光靠培养你们的学院，更重要的是我们要有一种精神和信念。拿我来说吧，我也是石化高职毕业的，但我并没有因为我不是名牌大学毕业，就失去了对美好未来的追求和渴望。实践证明，我们的企业其实对高职毕业生是求贤若渴的，只是每个行业的管理部门指标的问题。说老实话，我们只有用勤能补拙的态度和"铁人"的精神以及坚忍不拔的意志力和执行力，才能与各类高校毕业的员工去比肩、去胜任自己的岗位。我的这些经验也验证了一个道理：多看则明、多听则聪、多思则准、多干则成。

　　工作之初，面对高高耸立的炼塔，面对纵横交错的各色管线以及大小不等的机泵、机器和操作台前成百上千的仪表及参数时，我并没有产生畏惧的情绪和畏难的心理，我对自己有足够的信心，那就是因为我是毕业于石化高职，学的就是如何胜任石油和石化岗位的本领；也因为我们拥有扎实的理论基础和良好的综合素质。那时候我是和老师傅们抢着干活，哪怕是安装一个小小的螺丝，开关流程中最为简单的一个手阀，我都要干在他们前面，因为再小的操作中都有经验和技巧值得学习。不用暑往寒来，不用刀光剑影，只要用铁杵磨成针的态度、滴滴不为人知的汗水就可以享受小试牛刀的快乐。不到一个月我就学会使用了岗位上所有的机器、机泵。面对复杂的工艺流程我更是下了苦功夫，不管节假日还是工作日，我是每天几进几出、几上几下在装置里去摆流程、查管线，从6分的管线到300的管线，一根管线一根管线地去查，回到家里还要画流程。凭借这种对工作的韧劲，不到3个月我就通过了单位领导对我的考核，顺利地拿到了上岗操作证，成为DCS外操。我们是第一批高职毕业生，随着我们的共同努力和阶段目标的实现，同事们对我们的学院给予了高度的评价，对我们高职毕业生也给予了好评。三个月，我是小荷刚露尖尖角。我没有满足，也没有丝毫停歇，我认为在这个岗位不能完全体现我的人生价值，于是我就对整个生产装置和各个系统以及成千上万仪表及参数进行了大量的学习和掌握。于是我忘记了刚刚拿到上岗证的喜悦，继续虚心地向各岗的老师傅们学习仪表的操作，掌握它们的性能和调节的方式及老师傅们的经验。花开花落一春风，凭借着在学院学到的理论基础知识和单位领导的关心以及老师傅们的帮助，经过一年零两个月我顺利通过了更加严格的考试，得到了领导和同事的认可，荣升为DCS岗位一操。这时候，我逐渐感觉到了工作中的快乐和喜悦，我的这种工作的态度和精神得到了领导的信赖。其实，信任也是一种态度，只有信任才能让自己的脚步走得更加坚实、更加坚定。五年的时间里我先后参加了60万吨连续重整装置和30万吨汽油加氢装置的开车工作，虽说在工作中付出了很多的心血和时间，但是我真正找到了自己的位置，体现了企业中自我的价值。今天我可以骄傲地向母校有个交代，作为您的学生，我不会辜负您的期望，作为一名石化员工，定会反哺社会，为学弟、学妹们树立一个好的形象，为母校争光争气。梅花香自苦寒来，得到单位和同事认可的同时，公司也给了我诸多的荣誉：2008年被公司评为岗位能手，2009年被公司评为岗位标兵，真正成为单位的技术骨干。

汗水五载春风度，别有鲜花心自开。回想五年的工作历程，我真的感谢我的母校，我可爱可敬的老师，他们不仅教会我做人的道理，还传授给我先进的知识技能，更重要的是我在这里学到了一种精神，所以我要对在座的同学们说：选择石化高职没有错，她是我们成才的摇篮，是我们走入社会展现自我价值的起点。把握在校学习的时光吧！用知识好好地武装自己，去迎接你们美好的未来！

任重而道远，想未来而先努力。相信我们的未来一定是美好的，石化高职会因有我们而更加辉煌！再次感谢我们的母校、我们的老师！

知识链接

一、企业文化名言

文化虽然不像文明那样具有地区的广泛性，但是，它相应地和各个国家的每一个人的喜、怒、哀、乐具有更深刻的联系。——森谷正规

人是文化的创造者，也是文化的宗旨。——高尔基

文化的核心本来就是最有普遍性的人生命的脉搏的跳动。所以，正好似人在高兴时发出的高音，在人们胸中张开的弦上跃动，奏出共鸣音，文化作为人类必要的活动，当然会越过一切隔阂，寻找某些人的心的共鸣。——池田大作

二、理论知识

企业模范人物行为文化是企业行为文化中的重要组成部分。企业模范人物是企业的中坚力量，是企业的宝贵财富。在具有优秀企业文化的企业中，集中体现企业价值观的是企业的模范人物，他们的行为在整个企业行为中占有重要的地位。在具有优秀企业文化的企业中，最受人敬重的是那些集中体现了企业价值观的企业模范人物，这些模范人物使企业的价值观人格化，在企业模范人物身上集中体现了企业精神、企业宗旨、企业价值取向和职业规范，他们敬业爱岗，无私奉献，并以自己的模范行为影响和感染周围的人们。他们是企业员工学习的榜样，他们的行为常常被企业员工作为效仿的行为规范，对员工队伍具有导向、示范和激励作用。这些模范人物大都是从实践中涌现出来、被职工推选出来的普通人，他们在各自的岗位上做出了突出的成绩和贡献，因此，成为企业的模范，他们的行为和价值都直接地反映或者被抽象成了公司的核心价值观。

1. 企业模范人物类型

从企业模范行为的类型上划分，可分为领袖型、开拓型、民主型、实干型、智慧型、坚毅型、廉洁型。

2. 模范人物的特质

（1）富有忘我的牺牲奉献精神

模范人物有良好的个人品质和职业道德，他们舍得小我，敢于奉献，往往把毕生的精力、时间甚至生命奉献给集体，成就了企业以及集体的辉煌。他们有时牺牲时间，有时牺牲个人利益，总之一切以企业为重，成全企业或他人的利益。他们的精神与行为，是一个企业行为文化的绝好体现。

（2）富有极强的责任心

不管从事什么样的职业，都要尽职尽责，尽自己最大的努力，把工作做好，这是职责所在，也是人生的需要。在现实工作中，有许多人贪多求全，浅尝辄止，对工作一知半解，结果害人害己，这是对工作没有责任心。而模范人物往往有极强的责任心，这种责任心体现在工作上的一丝不苟，待人接物上的以企业为重。他们忧企业所忧，想企业所想，不会让企业利益受到损害，他们会为企业留住顾客，为企业创造效益，为企业创新发展贡献很大的力量。

（3）和群众团结协作

模范人物并不孤独，他们善于与他人协作，在共同的并肩奋斗中达到目标，使企业利益达到最大化。会工作的人在群体之中不会是孤立的，他们能够融入社会和群体，能够在与周围人的合作中发挥所长，并带动其他人一同进步。模范人物往往是一个群体的中心，他们以自己的良好形象、技术特长、人脉关系、智慧优势为企业服务，同时也为其他员工进步提供参照。

（4）努力勤奋，不断进取，刻苦钻研

勤奋是模范人物突出的特点。没有哪个模范人物是懒惰无为的。要想在工作中走出一条完美的历程，要依靠勤奋的习惯，认真对事，认真待人，在工作中不断进取，不断进步。有头脑有智慧的人不会错过任何一个让自己能力提高，让才华得以展现的机会，而同时这种进取之心也给企业带来不小的效益。模范人物具有钻研精神，他们往往不断进取，一直在向前进步，他们善于总结经验，将经验与实践，将不断学来的新的知识，演化成新的技术成果，从而为企业获得更大收益。

（5）敢于创新

不在原地踏步，能够不断挑战自己，使自己更加出色，这也是模范人物的特质。模范人物不拘以往旧有经验，他们敢于创新，敢于开拓，在新的高度上不断奋进。而他们这个特点，也给企业带来收益，是周围的员工可以学习效仿的榜样，创造整个团队不断挑战创新的氛围。

（6）对企业忠诚

忠诚在人格中居于主导地位，起着支配作用。没有这种主导力量的影响，人格就失去保护，就有叛变失节的危险。从个人与公司的角度来说，忠诚是与双方利益息息相关的；从做人的大义来说，也是做人不可缺少的。一个企业的忠诚员工，不仅要完成自己分内的工作，而且也要时刻为企业着想。模范人物对企业必然是忠诚的，他保守企业及行业的机密，尽心为企业谋利，将自己与企业联系在一起，对企业有强烈的道德感。

（7）对工作有极大热情

对工作富有热情的人大多能获得高效业绩，一个缺乏热情的员工，绩效必定平平，甚至很难保证工作质量。对工作充满热情，不论从事什么职业，都会怀有极大的兴趣，有了兴趣，就会热爱自己的工作，只有抱着这个态度，人们才会圆满达到自己所期望的目标。而模范人物对工作都是有极大的热忱，他们对工作有浓厚兴趣，能够付出自己的大部分能量在工作上，从而形成良好的业绩和口碑。

3. 企业模范人物的影响作用

（1）模范人物是企业精神的实践者

企业模范人物为员工树立楷模，成为员工的仿效对象。在企业遇到困难时，他们成为人们仰赖的对象。他们的行为体现了企业的精神和企业的价值观，他们规范自身的言行，为全体员工做出表率，他们是企业精神的象征，是企业文化的代表。

（2）模范人物是企业的典型

在众多企业员工中，模范人物始终是员工群体中的优秀分子，是企业精神的代表。而模范人物能够做到的，企业员工只要用心也会做到，至少也会学得他们的精神。

（3）模范人物是企业的象征

企业的优秀文化集中体现在模范人物身上，他们展现了企业的风貌，是企业的象征。

（4）模范人物起到激励员工的作用

企业表彰模范人物，给模范人物以精神与物质奖励，从而也刺激了其他员工向模范人物学习，向高标准看齐。

组织实施

① 通过视频、文字案例，学习企业模范人物先进事迹。

② 写一篇宣讲模范人物事迹的演讲稿。

③ 所有学生轮流演讲，对自己感触最深的企业模范人物进行事迹宣讲及行为分析。

④ 教师与学生共同为演讲学生打分，评定成绩。

成果评价

评分细则（总分10分）

① 学习认真，对模范人物案例掌握充分。（3分）

② 阐述合理，分析到位。（3分）

③ 仪态大方，语音清晰。（2分）

④ 演讲效果，学生评定。（2分）

拓展任务

写一篇学习模范人物的心得体会。

拓展项目

有效沟通

项目流程：

① 找出十名同学参加游戏。

② 教师将一个事件在其他九位同学听不到的情况下，讲述给第一位同学。

③ 由第一位同学开始向其他同学依次传递信息，只许用手势，不能用语言，不许做口形。

④ 信息传递完毕后，由最后一位接到信息的同学向全班同学讲述该事件。

⑤ 让同学们分辨，最后一名同学说出来的信息，与原始信息相差多少。

经验值：让同学们在游戏中体会团队中有效沟通的必要。

测试

看看你的忠诚度

① 你是否觉得薪水是你目前工作的唯一动力？

② 如果其他公司为你提供更好的薪水和待遇，你是否会选择离开现在的公司？

③ 你是否能够像老板那样对待自己的工作？

④ 你是否经常对工作有高度的热情？

⑤ 你是否对工作中的一些利益冲突、是非得失很在意，并为之投入过多的精力？

⑥ 你是否对公司和行业的前景充满了信心？

⑦ 你是否很信任你的老板？

⑧ 你是否能够与同事和谐愉快地相处？

⑨ 你是否经常自觉地维护公司的利益和形象，坚持以最佳的服务态度面对公司的客户？

⑩ 你是否为自己能在当前公司任职而感到自豪？

思考与练习

① 谈谈企业模范人物的特质。

② 谈谈企业模范人物的行为文化对企业的重要性。

③ 举出更多企业模范人物实例，评论他们的事迹。

④ 写一篇关于一名模范人物的事迹介绍的文章。

学习情境十

策划企业文化活动

学习目标

① 了解企业文化活动的策划及实施程序。
② 具有初步策划企业文化活动的能力。
③ 培养学生初步组织企业文化活动的能力。
④ 培养学生对企业文化活动进行宣传的能力。
⑤ 在企业文化活动中,体会企业文化含义。

任务描述

举办企业文化节,写一篇关于文化节活动方案、宣传稿件,并实施相应文化节活动。

案例

企业文化节活动方案

作为企业文化组成部分的企业安全文化,是现代化企业生产力的重要保障,是企业文明和素质的重要标志。在我公司实现连续安全生产 3200 天的基础上,为借助企业安全文化的力量来进行安全生产管理,在全局树立"大安全"的观念,全面提升职工的安全素质。经局领导研究决定,我公司定在 9 月下旬举办以"安全文化"为主题的第六届企业文化节。

一、活动主题

安全至上　关爱生命

二、活动项目及责任部门

1. 文化节开幕式

开幕式前进行大鼓、腰鼓、广播操表演。

① 入场式：各支部组织由安全责任人、安全员、班组长等人参加的队伍列队入场（要求每队不得超过 25 人，其余人员组成整齐方阵在看台上就座），行进过程中要喊出本单位最认可的安全口号，并和看台上本单位职工形成互动。

② 基层单位代表致安全誓词。

③ 职工子弟宣读"给爸爸妈妈的一封安全信"。

④ 职工签名活动：组织开展"遵章守纪，我要安全"职工签名活动，台上台下两条横幅同时签名。

⑤ 安全游艺竞赛。

负责单位：工会办公室、新闻中心、安监部。

2. 现场标准化作业展示活动

挑选两个以上标准化作业样板项目进行作业展示，要求各相关单位观摩学习。

负责单位：安监部、教培中心。

3. 新安规知识竞赛

竞赛内容以新颁安规为主要内容，配以新《中华人民共和国道路交通安全法》《电力监管条例》等法律法规。除离退休支部以外的 20 个支部进行预赛选拔，决出前六名代表队在文化节上举办决赛。决赛在俱乐部举行，邀请省公司、新乡市的安全管理部门的领导与全局职工观看。

负责单位：安监部、教培中心。

4. "真情永远　服务无限"音乐故事会

结合省公司"真情永远　服务无限"故事征集活动，要求市场营销部、金桥公司、四个分局和八个县局，挖掘自己工作中的感人事迹和生动现场，与音乐、情景剧、讲述等形式相结合，举办"真情永远　服务无限"音乐故事会。要求讲述故事真实，感染力强。

负责单位：团委、市场营销部、农电部。

5. 廉政安全教育活动

邀请省或市级检察院反贪局相关领导进行廉政教育报告，使全局中层以上领导干部接受教育。

负责单位：纪检监察部、新闻中心。

6. 编印全局性标准化作业指导书

我局制订编印出《新乡市电信公司标准化作业指导书》，以达到规范职工的生产行为，克服以往工作中的经验主义，使各项巡视、操作和检修工作更加程序化、规范化的目的。

负责单位：安监部。

7. 举办安全生产、履行节约漫画展，编印安全生产漫画集和安全文化台历

将我局和兄弟局的典型事故案例、现场操作中的习惯性违章行为，通过通俗易懂、讽刺诙谐的漫画形式表现出来，并与同步开展的"节约光荣、浪费可耻"漫画大赛相结合，联合举办优秀漫画展示。同时，印制安全文化台历，让职工在潜移默化中接受安全教育。

负责单位：安监部。

8. 文化节闭幕式暨文艺晚会

活动内容：即日起市公司各支部和县公司各单位准备参加文化节闭幕式文艺会演的文艺节目。要求各支部至少上报1个文艺节目，节目形式不限，节目时间不得超过10分钟，节目内容应紧扣安全生产主题。各支部节目经过本届文化节组委会审查后，再确定参加闭幕式会演的节目。

闭幕式上，将表彰"我为节约献一言"合理化建议获奖人员和文化节各项目获奖单位。

负责单位：工会办公室、新闻中心。

三、活动时间

9月26~28日。

四、活动内容

（一）规定动作

1. "我与企业共成长"服务大行动：开展一次与企业生产经营发展相结合的活动（时间：5月17日前）

组织一批业务好、营销技能突出的青年员工，结合"5·17"电信日与大客户部、商业及公众客户部共同上门宣传商务领航业务，借此推广行业信息化应用。

2. "我与老总面对面"：开展一次公司管理层与员工的沟通活动（时间：5月30日前）

① 分公司以部门为单位，组织员工结合本部门实际，查找在经营、管理工作中存在的不足和问题进行研讨，并提出改进措施。各部门负责收集整理上报活动组委会，组委会将安排时间以公司老总深入基层班组现场办公的方式答疑解惑，以达到员工与公司老总面对面沟通的目的。

② 活动组委会安排时间请公司领导下基层（县分公司）调研，听取员工心声，切实解决基层员工的具体困难，引导鼓励员工超越自我，为企业发展建功立业。同时通过对县分公司进行调研，解决县分公司存在的实际问题。

3. "我是文化践行者"中国电信企业文化（2006年版）培训活动（时间：6月12日前）

青年文化节期间，由公司组织前端、后端、管控员工参加了新版企业文化培训的内训培训师，结合省电信"六个提倡、六个反对"的宣贯，对公司全体员工进行企业文化培训。在此期间，我公司将采取灵活多样的方式，请公司老总、部门领导、一线员工、先进典型讲企业文化课。公司培训师也将随同公司领导对县分公司员工进行培训，让员工首先成为中国电信企业文化的认同者、执行者，并进一步成为中国电信企业文化的传播者、丰富者。同时，

我公司将把企业文化宣贯工作作为企业的一项经常性的活动来开展实施。

（二）自选动作

1. 野外拓展活动（时间：5月25日前）

由公司统一组织一次野外拓展活动，让公司青年员工之间能够以轻松的方式加强了解，增进友谊。在活动中加入相关游戏节目（如：深山淘宝等），同时请公司老总全程参与，借此加强青年员工团队意识，增强凝聚力，也能够使公司员工与公司老总轻松沟通。同时也是对规定动作"我与老总面对面"活动的升华。

2. 企业文化长廊（时间：6月10日前）

以征文的方式组织"百日会战"的员工，写出自己在"百日会战"中的心得体会，利用公司宣传栏和办公网大力宣传他们的先进事迹，用以启迪和激励其他员工学习奋进，引导他们立足岗位，发扬学习、创新、服务、敬业的精神，与企业共同成长。

县分公司除完成规定动作外，自选动作按照省公司方案自行选取。

知识链接

一、企业文化名言

如果职业起隔绝作用，那么文化就应当起接近作用。文化应当是人性的，因为它涉及人的一切，它力求实现人的各种不同的才能间的平衡。——朗之万

在这富有历史背景、富有高度私人秘密性的社会，人类的文化应是多彩多姿的。——黑塞

文化是，或者说应该是，对完美的研究和追求。而文化所追求的完美以美与智为主要品质。——阿诺德

企业可以通过策划文化活动，来塑造企业的行为文化。

二、理论知识

中国入世后，企业的经营思想、价值观念、制度建设以及行为规范等在市场竞争中的考验越来越严峻，中国企业必须要有自己优秀的企业文化，中国企业文化建设需要用策划的力量，拓宽领域，丰富内容，更新装备，革新方法，提升品位，以适应21世纪经济一体化、知识化、网络化的大趋势。

（一）企业文化策划的内涵

策划是筹划或谋划之意，是人们在发现世界的过程中，为达到目标，构思、生成、执行最佳方案的设计学问。在企业文化建设中，策划文化活动是必不可少的一个步骤。为了正确地制订、选择、实施最优方案或计划，达到预期的良好效果，就必须进行精心策划。为了达到这一目的，企业必须根据现实的各种情况与信息，判断事物变化的趋势，围绕企业文化建设特定目标这一中心，运用科学理论与方法，来全面构思、设计、选择合理可行的行动方案，从而完成正确和高效的企业文化建设体系。

（二）企业文化策划的方式

1. 策划企业形象工程

企业形象工程是指企业通过自己产品和服务将自身的文化内涵展示给公众，使社会公众和企业员工对企业得出一个整体印象和综合评价。从企业文化的角度可将企业形象分为有形形象和无形形象两大类。有形形象包括企业的外观形象、产品形象、员工行为等；无形形象包括企业的精神风貌、信誉、社会责任心等。

进行企业形象工程策划，一是要确立企业领导人和广大员工的形象意识。一个有强烈企业形象意识的管理者，在决策过程中或在日常工作中，会处处注意维护本企业的形象。同样，企业广大员工也需要对企业形象意识有所强化，以适应企业形象建设。因为每一位企业员工都是一个展现企业文化的窗口，而人数众多的员工群体更是跟社会密切联系的纽带。员工的一言一行会对企业形象产生很大的作用，会在社会上产生不小的影响。二是要对本企业在社会上已有的形象展开调查。企业形象调查的内容包括公众对本企业要求的调查、企业知名度与美誉度的调查、企业内部期望形象的调查等。三是要在进行企业形象调查结果的分析基础上，对公众要求分析和对实际形象与期望形象之间的差异进行分析，然后根据本企业的实际能力和发展规划，确定企业的形象目标。四是要采取一系列途径与方法来塑造企业形象，如以战略规划为依据建立企业形象，以文化建设为核心构筑企业形象，以管理创新为契机刷新企业形象，以品牌形象为依托重塑企业形象，以传播沟通手段展现企业形象，在社会公众中不断完善良好的企业形象，使企业在激烈的市场竞争中立于不败之地。这是至关重要的一个步骤。

2. 策划文化工程

文化工程是指企业的各种文化活动和各项文化设施的总称。其中文化活动是文化工程中的"软件"，是企业文化的表达形式；文化设施是文化工程中的"硬件"，是企业文化的物质载体。进行文化工程策划，一是要倡导和培育企业价值观、企业精神和企业道德。符合企业目标和发展战略的企业精神文化一旦为广大员工所认同，就会成为企业员工的群体意识和行为，会推动企业发展。二是要进行科学、教育、文体、卫生等方面的文化设施建设，如建立科研所、职工学校、图书馆、俱乐部、体育场、网络中心等，为员工创造良好的物质文化条件。三是要举办各种文化活动，不断培训广大员工。企业利用文化设施进行丰富多彩的文化活动，通过各种形式的文化活动对企业的广大员工进行思想政治、业务、经营管理、科学文化等全方位的教育培训，全面提高员工的素质，以适应市场经济的需要。

3. 策划民主工程

民主工程是指企业员工参与企业管理的各项民主管理制度和各种民主活动的总和。进行民主工程策划，一是要建立健全民主管理和员工参与企业管理的各项制度，如职工代表大会、企业管理委员会、质量管理小组、职工建议制度等，使广大员工真正参与企业管理；二是要将广大员工的民主权利落实到本职岗位上，使员工在企业中开展岗位练兵、技术革新、提合理化建议等活动，充分发挥具体活动和做法的效用，如建立对话制度，设意见箱、领导接待日等来强化企业民主工程的建设。

4. 策划心理环境工程

心理环境工程是指通过企业文化管理方式，对员工的心理状态施加积极的影响，创造一个使广大员工心情舒畅、各尽所能的良好心理氛围。进行心理环境工程策划，一是要通过企业目标管理，使员工产生前进的动力，明确奋斗目标，激发竞争意识；二是要通过尊重、理解和关心，使员工亲身感受到企业领导的信任与关怀，激发员工的主人翁责任感；三是要通过宣传教育，使员工认清自身工作的重要性，激发员工更大的工作热情；四是要通过建立各种活动来满足员工的物质需求与精神需要，以达到员工心理上的平衡；五是要通过召开评奖、颁奖等活动和形式，满足员工的荣誉感，以鼓励先进，鞭策后进。只有如此，才能形成团结、和谐、文明的企业心理环境。

总之，由于企业面临的环境千变万化，十分复杂，因而，对特定的企业而言，在企业形象策划的过程中，除了可以根据不同时期的条件运用不同的策略，更多的时候可以根据不同的情况综合运用这些策略，以求成效的最大化，进而营造最佳的企业形象。

（三）企业文化活动策划步骤

企业文化活动是企业文化策划中的一个重要部分，也是建立企业文化，培养员工企业形象意识的一个很好方式。

1. 企业文化活动策划的意义

① 策划企业文化活动，可以培养企业员工对企业的热情，有利于形成广大员工的凝聚力。

② 策划企业文化活动，可以让员工感受到企业对员工情感方面的关心爱护，使员工产生主人翁责任感。

③ 策划企业文化活动，有利于创造企业和谐、团结、奋进、向上的氛围。

2. 企业文化活动步骤

① 策划活动形式。

② 写作企业文化活动方案。

③ 方案讨论、修改、通过。

④ 活动组织实施。

⑤ 活动结束后表彰。

⑥ 活动结束后评估总结。

组织实施

① 文化节策划阶段：成立文化节筹备组委会，将学生分为小组，如策划组、宣传组、后勤组、表演组。策划组首先写作文化节活动方案，全体学生讨论。

② 文化节准备阶段：方案讨论通过后，各小组分别实施准备工作。如宣传组写作宣传稿件，后勤组管理财物，表演组准备文化节节目。

③ 文化节实施阶段：具体开展文化节活动。

④ 文化节总结阶段：活动结束后，对文化节进行活动总结，写出总结报告，对优秀作品进行奖励，对优秀组织者进行表彰。

成果评价

评分细则（总分 20 分）

准备充分（5 分）；对本岗位工作认真负责（5 分）；作品或表演质量良好（5 分）；学生总结评定（5 分）。

拓展任务

写一份企业春节联欢晚会的主持词。

拓展项目

信任进行时

项目规则：让同学们两人组成一组。每组发一个眼罩，而后让其中一位同学戴上眼罩，在另一位同学的言语指导下，从教室出去在外面走一圈回来，而后对换角色进行体验。

经验值：团队业绩的体现，离不开队员之间的信任度，但往往学生们很难理解信任是如何建立的。让同学们体会在某一环境下自己怎样建立起对伙伴的信任。

测试

你对工作充满热忱吗？

一个人对待工作的态度直接决定了他在工作中的表现。也许你有一份令人艳羡的工作，却抱着消极的不知足的态度去面对，那么即使你拿到再高的薪水，也不可能获得快乐；也许你只有一份再普通不过的工作，甚至有些人会对你的工作不屑一顾，但是你由衷地热爱它，全身心地投入进去，你就可以在工作中找到自己的快乐。

每个人做什么样的工作，并不完全由自己的意志来决定。"如果工作本身是不可以选择的话，那么我们至少还可以选择对待工作的态度。"这就好像有的时候生活本身是不可以选择的，但是我们依然要笑着面对生活。

那你对待工作的态度如何？是消极、不知足，还是充满热忱？做完下述测试你就会知道。本测试是微软公司测试员工工作态度的试题，共 10 题，请仔细阅读下列各题，然后作答，看看自己对待工作是否充满热忱。

① 你认为工作应该是丰富多彩，能够带来挑战，能够使你发挥所有的才干和热情，每天都 high 的吗？

② 你常常对自己喜欢的工作，抱有极大希翼，总认为那样的工作能给自己带来想要的东西吗？

③ 你憎恶"重复"的工作吗？你认为你现在的工作具有重复性吗？

④ "一个企业之中，只有研发、客户、营销部门才需要调动员工的热情和活力，至于其他部门，只要员工能安分地做好自己的本职工作就可以了。"你对这个问题怎么看？

⑤ "有人说，兴趣是最重要的，只有兴趣才能为我们提供永久的动力。"对此你怎么看？

⑥ 你经常跳槽吗？有很多人跳槽的原因是觉得看不到自己的前景，失去了兴趣和信心，你是否也是这样？对此你如何看待？

⑦ 你知道什么是工作的平台期吗？以你的经验，你认为应该如何对待工作的平台期？

⑧ 你会以"薪水、安定和福利"为标准选择工作吗？

⑨ 你希望在怎样一个工作环境中工作？你认为自己与工作环境的好坏有关系吗？

⑩ 如果让你选择一句话概括你对工作的看法，你会选择哪一句？

思考与练习

① 谈谈开展企业文化活动的重要性。

② 为自己在文化节中的表现写一份总结报告。

③ 策划一个增强员工凝聚力的企业文化活动，写一份活动方案。

学习情境十一

"铁人"电影观后感

学习目标

① 了解企业精神文化的概念和内涵。
② 掌握观后感的写作方法,培养学生观后感的写作能力。
③ 具有初步判断积极的企业精神文化的能力。
④ 引导学生进一步弘扬"铁人精神"。

任务描述

组织学生观看电影《铁人》,分别撰写电影观后感,对全班学生进行电影观后感点评,使学生准确把握企业精神文化的内涵,充分认识企业精神在企业发展过程中的重要作用,引导学生进一步弘扬"铁人精神"。

案例

电影《郭明义》观后感

看了关于郭明义同志先进事迹的电影,我深有感触。他几十年如一日,用自己的一言一行实践着雷锋精神,用自己的实际行动很好地诠释了什么叫作奉献,什么叫作无私。我情不自禁地流出了眼泪,我感动于郭明义在默默无闻中做了很多不起眼的事,在最平常的生活中坚持做自己认定了的事;感动于郭明义朴素而高尚的人生思考——感觉自己非常富足,所以懂得珍惜，懂得感恩；感动于一个普通的人在平凡的生活中实现了心灵的超越。他像一朵花，散发着芬芳的气息，给人以温馨；他像一棵树，庇荫万千行人，给人以清凉；他像一盏灯，照亮暗夜中的漫漫长路，给人以光明……

郭明义，男，1958年12月生，辽宁鞍山人，1982年复员到齐大山铁矿工作。1996年至今，任齐大山铁矿生产技术室采场公路管理员。他虽然只是一个普通的公路管理员，但他却有一个伟大的目标：做一个好人。他说："我不求升官，也不求发财，我只想问心无愧地做一个好人。"多么朴实的一句话，却全是肺腑之言，让闻者感到肃然起敬。这么多年来，他一直努力地去践行着这个目标，几十年如一日。

他20年献血6万毫升，是其自身血液的10倍多。2002年，郭明义加入中华骨髓库，成为鞍山市第一批捐献造血干细胞志愿者。2006年，郭明义成为鞍山市第一批遗体和眼角膜自愿捐献者。

1994年以来，他为希望工程、身边工友和灾区群众捐款12万元，先后资助了180多名特困生，而自己的家中却几乎一贫如洗。一家3口人至今还住在鞍山市千山区齐大山镇，一个20世纪80年代中期所建的、不到40平方米的单室里。

"他总看别人，还需要什么；他总问自己，还能多做些什么。他舍出的每一枚硬币，每一滴血都滚烫火热。他越平凡，越发不凡，越简单，越彰显简单的伟大。"这是"感动中国"组委会对他的颁奖词。

时代先锋郭明义同志的事迹虽不惊天动地，但点点滴滴却是可歌可泣的；他虽是个小人物，但他的精神却是伟大的；他虽在平凡的岗位，但他的追求是崇高的。我作为一名教师，共产党员，看完电影《郭明义》，心灵受到了一次传统教育的洗礼，明白了一个道理，凡事都必须从一点一滴做起，从每件小事做起，把"爱"贯穿到工作及生活之中。

郭明义几十年如一日，爱人如己，甚至爱人超己，无私奉献。在他先后获得部队学雷锋标兵、鞍钢劳动模范、鞍山市特等劳动模范、中央企业优秀共产党员、全国五一劳动奖章、鞍山市无偿献血形象代言人之外，这部电影为郭明义这样一位普通却光彩照人的中国人、中国共产党党员树立了一座朴素的丰碑。它像一面镜子，让每一位观众的灵魂感到震动。

我们身处一个需要英雄而又英雄辈出的时代。在这些人们耳熟能详的英雄人物中，有为国家经济发展、国防建设、科技创新做出特殊贡献的杰出人物，也不乏在平凡岗位默默奉献、在服务群众中书写辉煌的普通人。郭明义虽然只是鞍钢集团矿山公司齐大山铁矿生产技术室采场的一名公路管理员，但他的先进事迹在全社会引起了强烈反响，他与我们寻常在街头巷尾碰到的人没什么两样，普通得像我们日常生活中随处可见的人一样，毫不起眼，但他的精神品格和道德操守，他的价值取向和价值追求深深地感染和打动了我们每一个人。

助人为乐、甘于清贫，是中华民族最为推崇的美德，能否安贫乐道、善于舍己为人，是衡量一个人精神境界的重要标尺。影片《郭明义》以细腻的手法展示了一个工人以实际行动接力传承雷锋精神的崇高境界，热情地弘扬了郭明义助人为乐、以苦为乐、"追求纯粹"的价值观。郭明义家徒四壁、两袖清风，将自己的物质生活享受降到了最低。从影片中我们可以看到，郭明义总是发自内心地做每一件好事，他把帮助别人得到的快乐当成自己的最大快乐，最让人钦佩之处在于能够自觉地把道德完善与人生的充实、生活的快乐和家庭的幸福统一起来。在他那里，助人为乐不是偶一为之的权宜善举，而是自己的使命、习惯和生活方式。人们都知道"勿以善小而不为"的道理，但生活中有几人能够真正做到呢？郭明义的女儿说他总能看到生活得不如自己的人，是的，他历来不以善小而不为，眼睛最见不得贫困的人、生病的人、不如意的人。他看到生活得不如自己的人就坐立不安，就要下决心想方设法去帮助。郭明义把应该得到的住房让给比自己更困难的同事，他为社会上自己相识的、不相识的人无私地送去温暖，他助人为乐，以能够帮助别人为最大幸福，他坚信奉献使人快乐、助人使人快乐，影片十分形象地引导人们正确认识什么是真正的幸福、如何去追求真正的幸福。影片还具体展示了郭明义几十年如一日的坚持和恒心，这才是最可贵、最了不起的，比如，他每天都提前两个小时上班，15年中累计献工15000多小时，相当于多干了5年的工作量。1990年以来，他坚持20年无偿献血，累计献血6万毫升，相当于自身总血量的10倍多。他累计捐款十几万元，花3年时间为一个素不相识的白血病患儿寻找合适的配型，他在这些善举中获得巨大的精神满足。影片《郭明义》是安贫乐道、助人为乐幸福观的一曲嘹亮颂歌，它能够形象地引导人们正确认识幸福的含义、追求博大的幸福，也启迪我们以自己的爱心和善举，在帮助他人、温暖他人中找到真正的快乐、获得人生的美满。

案例分析

本文是观看电影《郭明义》之后有感而发，开头的3个"感动于……"排比句的运用非常巧妙、自然地写出了内心的感想，接下来简单地介绍了郭明义的主要事迹，并引用了"感动中国"组委会对他的颁奖词，点明了郭明义精神的实质，之后，详细阐述了郭明义精神的内涵和价值，对影片给予了高度的评价。

知识链接

一、企业文化名言

一个人，只有孜孜不倦于自己的职业，才能使生命真正富有意义，才能使生命变得有力和崇高。

思想是根基，理想是嫩绿的芽胚，在这上面生长出人类的思想、活动、行为、热情、激情的大树。——苏霍姆林斯基

二、理论知识

（一）企业精神的内涵与意义

1. 企业精神的内涵

企业精神是随着企业的发展而逐步固化下来的一种群体意识，是对企业现有观念意识、传统习惯、行为方式中积极因素的总结、提炼和倡导，是企业文化发展到一定阶段的必然产物，即企业人格化的集中体现。企业精神往往以简洁而富有哲理的语言形式加以概括，通过口号、歌曲、训词、徽标等形式形象地表达出来。

2. 企业精神的意义

企业精神是企业之魂，是企业在长期的生产经营实践中自觉形成的，经过全体职工认同信守的理想目标、价值追求、意志品质和行动准则，是企业经营方针、经营思想、经营作风、精神风貌的概括反映。其核心是价值观。企业精神一旦形成，就会产生巨大的有形力量，就能对企业成员的思想和行为起到潜移默化的作用。因此通过培育和再塑企业精神，有利于建设一支富有战斗力、能够完成企业既定任务的纯洁的员工队伍。同时，通过企业文化的建设和传播，塑造优秀的企业形象，增强企业的知名度和社会美誉度，从而最终达到提高企业核心竞争力的目的。

在企业文化结构中，精神文化处于核心位置。企业精神文化是企业在生产经营过程中，受一定的社会文化背景、意识形态影响而长期形成的一种精神成果和文化观念，包括企业精神、企业经营哲学、企业道德、企业价值观等内容，是企业意识形态的总和。

（二）企业精神的作用和特征

1. 企业精神的作用

由于现代商品中的文化含量、文化附加值越来越高，由文化所产生的经济效益和社会效益也越来越高，因此，必须充分认识企业精神在塑造企业形象中的作用，发挥其特有的导向、凝聚、教育和约束作用，才能在竞争日益激烈的市场中占据一席之地。

（1）导向作用

企业精神不仅是一个企业的精神支柱，而且体现着一个企业在社会中确立良好形象的战略意识，它一旦转化为企业员工的内在需要和动机，就会产生目标导向作用，企业员工就会时时以企业精神为标杆来衡量和调整自身的行为，以符合企业的基本要求。

（2）凝聚作用

企业精神为全体员工提供了共同的价值观，因此它对企业员工有着巨大的凝聚作用。企业精神的凝聚作用是观念同一性的表现，即观念相同的人之间比较容易沟通，也比较容易达成行为一致，而观念不同的人则不容易沟通。在观念同一性的作用下，全体员工会把自己的切身利益同企业的生存和发展紧密联系在一起，热爱自己的企业。自觉维护企业的声誉和形象，与企业同呼吸共命运，为实现企业的目标而努力工作，甚至做出必要的牺牲。

（3）教育作用

它有两方面的含义。第一，从内容上讲，企业精神的教育作用就在于形成企业员工共同信奉的价值观念。第二，从途径上讲，企业精神为做好新时期思想政治工作提供了新途径。思想政治工作的根本任务是培育高素质的新人，而培育企业精神的过程是以先进的文化改造人的世界观的过程,也是对企业管理理念和价值观去粗取精、去伪存真的过程,它们在方法、途径、目的上有很多共同点,因此调整培育健康正确的企业精神能够促进思想政治工作的实效,使企业文化更好地为企业的生产经营服务。

(4) 约束作用

企业精神的核心内容是价值观,它能够衍生出严格的行为规范和道德标准,对员工的行为起到规范和约束作用。企业精神的约束作用即表现在此。

2. 企业精神的特征

(1) 它是企业现实状况的客观反映

企业生产力状况是企业精神产生和存在的依据,企业的生产力水平及其由此带来的员工、企业家素质对企业精神的内容有着根本的影响。很难想象在生产力低下的条件下,企业会产生表现高度发达的商品经济观念的企业精神。同样,也只有正确反映现实的企业精神,才能起到指导企业实践活动的作用。企业精神是企业现实状况、现存生产经营方式、员工生活方式的反映,这是它最根本的特征,离开了这一点,企业精神就不会具有生命力,也发挥不了它应有的作用。

(2) 它是全体员工共同拥有、普遍掌握的理念

只有当一种精神成为企业内部的群体意识时,才可认为是企业精神。企业的绩效不仅取决于它自身有一种独特的、具有生命力的企业精神,而且还取决于这种企业精神在企业内部的普及程度,取决于是否具有群体性。

(3) 它是稳定性和动态性的统一

企业精神一旦确立,就相对稳定,但这种稳定并不意味着它就一成不变了,它还是要随着企业的发展而不断发展的。企业精神对员工中存在的现代生产意识、竞争意识、文明意识、道德意识以及企业理想、目标、思想都具有稳定作用。但同时,形势又不允许企业以一个固定的标准为目标,竞争的激化、时空的变迁、技术的飞跃、观念的更新、企业的重组,都要求企业做出与之相适应的反应,这就反映出企业精神的动态性。稳定性和动态性的统一,使企业精神不断趋于完善。

(4) 它具有独创性和创新性

每个企业的企业精神都应有自己的特色和创造精神,这样才能使企业的经营管理和生产活动具有针对性,让企业精神充分发挥它的统帅作用。企业财富的源泉蕴藏在企业员工的创新精神中,企业家的创新体现在它的战略决策上,中层管理人员的创新体现在他怎样调动下属的劳动热情上,工人的创新体现在他对操作的改进、自我管理的自觉性上。任何企业的成功,无不是其创新精神的结果。

(5) 要求务实和求精精神

企业精神的确立,旨在为企业员工指出方向和目标。所谓务实,就是应当从实际出发,遵循客观规律,注意实际意义,切忌凭空设想和照搬照抄。求精精神就是要求企业经营上高标准、严要求,不断致力于企业产品质量、服务质量的提高。

(6) 具有时代精神

企业精神是时代精神的体现,是企业个性和时代精神相结合的具体化产物。优秀的企业精神应当能够让人从中把握时代的脉搏,感受到时代赋予企业的勃勃生机。在发展市场经济的今天,企业精神应当渗透着现代企业经营管理理念、确立消费者第一的观念、灵活经营的

观念、市场竞争的观念、经济效益的观念等。充分体现时代精神应成为每个企业培育自身企业精神的重要内容。

（三）企业精神的表达原则、主要表述方式和命名方式

1. 企业精神的表达原则

企业精神是企业员工的群体意识的精华，是企业价值观的精髓，它不能自发地产生，也不能由外界强加，它需要一个由分散到系统、从现象到本质，去伪存真，去粗取精，不断概括、升华的提炼过程。如果没有这个过程，企业群体意识和价值观将始终处于一种自发、散乱、不自觉、不系统的状态，无法升华为企业精神。

（1）准确而深刻

提炼企业精神应抓住企业群体意识和企业价值观的核心，反映企业实质的、根本性的精神理念，既要准确无误，不使人产生歧义，又要富有内涵，饱含理性与思辨色彩，不能让人一看就觉得平淡无味、苍白无力。北京百货大楼的企业精神是"一团火精神"，具体表述为："用我们的光和热，去照亮、去温暖每个顾客、每一颗心。"这一精神既准确地表达了源自企业文化楷模张秉贵全心全意为顾客服务的火热情感，又深刻地反映了"大楼人"在市场经济条件下正确处理义利关系，积极奉献社会的思想境界和经营宗旨。

（2）有个性特色

简单地说，企业精神提炼出来后，它不能与别的企业雷同，甚至不能相似、相近，不能哪个企业都能搬用、套用，而只能是自己的企业专用，"张冠"不可以"李戴"。这就要求提炼企业精神时要对企业的性质与规模、历史与未来、企业内外环境等做全面深刻的研究、分析，然后给予精辟概要的表述。企业精神的个性特色源自企业所处行业的特殊点、经营管理的成功点、参与市场竞争的优势点、优良传统的闪光点、领导人自身修养与风范的独特点、员工心理期望的共识点以及企业未来发展的目标点等。企业精神应是企业上述特点凝合、聚焦的结果。

（3）简洁而生动

表述企业精神不能冗长拖沓，干巴无味，必须简单明了，生动感人。在用词上要准确、达意，且富有哲理。有些"企业精神"其语言出自员工之口，非常纯朴简洁，其中也蕴含着积极的向上精神；有些"企业精神"经过概括，用词相当讲究，且内涵深刻。企业精神是一种实践精神，不管怎样表述，只要能够准确反映员工意识，激励员工士气即可。但有一点是最忌讳的，就是试图在内容上面面俱到，好词堆砌，表达过长。应知道企业精神是企业先进意识和精神风貌中的一个核心亮点。当然这一亮点放大以后，可以对人们各方面的行为起到引导和激励作用，一般而言，企业精神的表述以不超过 10 个字为宜。要让人觉得既明快又自然，既深刻又亲切，易读，易懂，易记，朗朗上口，自然畅通。如日本电气公司"让一切充满活力"，日本住友银行"保持传统，更有创新"等企业精神的表述都是比较成功的范例。

2. 企业精神的主要表述方式

（1）目标表达式

以企业的奋斗目标作为企业精神，富有号召力，让企业员工备受鼓舞，激发士气，调动积极性和创造性。如：中国国际航空公司的企业精神"永不休止地追求一流"就是采用了目标表达式。

（2）经验荟萃式

对企业历史和现实的经验进行总结提炼，将企业创业与发展过程中久经磨砺而成的精神财富中最宝贵、最精华的经验提炼出来，形成企业精神。这种企业精神既继承了企业过去的精神财富，又为企业未来的发展提供了精神动力。大连石油化工公司根据行业特点，在总结企业成功经验的基础上，把企业精神凝合为"创新图强，严细务实"八个字。

（3）特点整合式

以企业员工为主体，以企业经营管理为主线，对企业各方面特点进行归纳、整合，提炼出本质和特点，形成企业精神，如北京市公交总公司的企业精神是"一心为乘客，服务最光荣"。北京邮政系统员工把"一封信、一颗心"奉为行业精神。

（4）传统继承式

以企业多年形成的优良传统为依据、为核心，提炼企业精神。如老字号同仁堂的"同修仁德，济世养生"，既继承了"炮制虽繁必不敢省人工，品味虽贵必不敢减物力"的诚信传统，又注入了体现人文关怀的"仁爱"新内涵，既贴近企业实际，又体现企业力创世界名牌的理想信念，使企业员工既感亲近，又激发出一种使命感和责任感。

（5）人格升华式

以企业英雄人物、先进典型为代表，将其精神品格和优秀事迹总结、升华为企业精神。如大庆油田的"铁人精神"，王府井百货大楼的"一团火精神"。这种人格化的企业精神表述方法亲切、形象、生动，企业员工容易接受。但必须注意，企业精神所依托的英雄人物或先进典型必须有过硬的优秀事迹，为群众所公认、信服，有着很高的知名度和美誉度，经得起时间考验。

（6）名人名言式

即以名人名言作为企业精神的内容，并赋予本企业理念的内涵，如日本日产公司的企业精神是"品不良在于心不正"。也有企业用《孙子兵法》中的"上下同欲者胜"作为企业精神。

（7）单一警句式

以反映企业特色、信念、追求的两句话作为企业精神，这是最常见的表述方式。如IBM公司"IBM意味着服务"，波音公司"我们每个人都代表公司"，宝洁公司"做正确的事"等。

（8）复合多句式

以几组语句并列表述企业精神，或以一组语句为主，几组语句为辅，综合表述企业精神。如松下电器公司的企业精神是："工业报国、光明正大、团结一致、奋发向上、礼貌谦让、适应形势、感恩戴德。"再如北京首都国际机场的企业精神是："我与机场共生存，机场与我共发展。"附含："以人为本——主人翁精神；居安思危——竞争精神；同舟共济——团队精神；追求卓越——创业精神。"

3. 企业精神的命名方式

企业精神提炼出来后，还应该给其命名（有的企业精神十分简单明了，不另外取名也是正常的），命名的方式大致有：

（1）企业名称命名式

这种方法最普遍、最常见。一般以企业名称的简称命名企业精神。如"宝钢精神""一汽精神""日立精神"等。这种命名方式明确了企业精神的归属，不至于让人搞混。

（2）产品商标命名式

如果企业产品商标的社会知名度较高，可采用这种命名方式。当然有些企业的商标与企业名称是一致的。如"太阳神精神""康佳精神""蜜蜂精神"等。

（3）形象比喻命名式

以形象生动的比喻方式表达企业精神。如燃料公司的"火炬精神"、纺织行业的"春蚕精神"、铁路系统的"火车头精神""铺路石精神"等。这种命名方式能突出企业的性质和属性，容易给人留下深刻的印象。

（4）内涵提炼命名式

将企业精神的内涵反复提炼，以其精髓命名，如台湾统一企业的"三好一道"：信誉好、品质好、服务好、价格公道。这种命名法概括力强，能对企业精神的全部内涵做直观的提纲挈领式的提示。

（5）人名命名式

以企业创始人、英雄人物的姓名命名企业精神。如鞍山钢铁公司的"孟泰精神"、日本松下电器公司的"松下精神"等。

组织实施

① 学生以小组为单位，通过网络搜索《铁人》影片的剧情介绍，对影片内容有初步了解；

② 组织学生观看电影，进行小组讨论英雄人物感人情节，写一篇电影观后感；

③ 小组长组织本组学生进行电影观后感小组自评，推荐1~2名写得好的作品进行交流；

④ 教师对全班学生观后感进行评分，组织全班学生进行电影观后感点评，掌握电影观后感的写作方法；

⑤ 教师对学生的观后感评阅打分，并进行小组评比，将小组成绩排名顺序折合相应的分数计入学生个人成绩，培养学生的团队协作精神；

⑥ 学生对观后感进行修改，教师二次评价，成绩计入学生本次成绩总分，最后给出结果性评价分数。

成果评价

评分细则（总分10分）

① 主题鲜明，观点明确。（2分）

② 见解独特，认识深刻。（2分）

③ 结合实际，体会具体。（2分）

④ 条理清晰，层次分明，逻辑严密。（2分）

⑤ 语言流畅，言简意赅，无错别字。（2分）

拓展任务

① 收集"铁人"名言,联系当时的背景,从"铁人"的豪言壮语中感受精神的力量。

② 谈谈对当今石化企业"爱国 创业 求实 奉献"精神的理解。

拓展项目

不可能的任务

项目流程:

① 向队员介绍项目性质和时间。

② 选择一块空地,并将一根绳子拉直放在地上。

③ 让队员距绳子 30 厘米。

④ 让他们下蹲,双手紧握双脚。

⑤ 学生的任务是跳跃着通过绳子,而手脚不能松开。他们只能向前跳跃,不能滚动或者倒下,同时双手紧握双脚,不能放松。

⑥ 最后,游戏结束后,学生们一起进行关于游戏的相关讨论。

测试

测测你的敬业精神

计算一下你的敬业程度。以下每题有三个选项:A. 不赞成,B. 基本赞成/有点不赞成,C. 赞成。

① 只为本公司工作。

② 不擅自离开工作岗位。

③ 在工作日的任何时间里,绝对不做一切有碍工作的事。

④ 对公司使命有清晰的认识,认同公司的价值观。

⑤ 积极参加公司组织的业务技能培训。

⑥ 乐于承担更大的责任,接受更繁重的任务。

⑦ 凡是支持本行业和属于本行业的人,均投票赞成。

⑧ 不做有损公司名誉的任何事情。

⑨ 不拿公司的任何物品。

⑩ 对公司的商业秘密绝对守口如瓶。

⑪ 在规定的休息时间之后,及时返回工作场所。

⑫ 看到别人有违反公司规定的举动,及时纠正。

⑬ 不管能否得到相应的奖励都能积极提出有利于公司的意见。

⑭ 关心自己和同事的身心健康。

⑮ 对外界人士积极宣扬公司。

⑯ 把公司的目标放在个人目标之上。

⑰ 乐于在工作时间之外自动自发地加班。

⑱ 业余时间注重钻研与工作有关的技能，加强职业素养的学习。

⑲ 为保证工作绩效，善于劳逸结合，调节身心。

⑳ 能享受工作中的乐趣。

评分标准：

A 为 1 分，B 为 3 分，C 为 5 分。

思考与练习

① 什么是企业精神？

② 谈谈企业精神有哪些作用。

③ 谈谈你对海尔企业精神的理解。

④ 如何表达企业精神？

学习情境十二

建立企业理念体系

学习目标

① 掌握企业理念的结构及内涵。
② 充分认识企业理念的作用。
③ 掌握提炼企业理念的方法。
④ 初步具有分析和建立企业理念的能力。

任务描述

对某一石化类企业进行调研,收集资料,了解其企业文化,对其企业理念体系进行设计、整合和提炼,重点进行企业使命、企业愿景、核心价值观、企业精神、企业哲学的设计,完成企业理念的建立。

案例

中国石油锦州石化公司的企业文化基本理念

企业理念体系反映了企业对自身存在的价值、未来发展的使命、实践过程的评估等一系列核心价值的判断,实质上就是企业对"我是什么、我做什么和我怎样做"等问题所确立的基本判断准则,这些准则所代表的就是企业的价值标准。

中国石油锦州石化公司企业文化基本理念包含企业精神、核心经营管理理念、企业宗旨、企业核心价值观、企业人才理念、企业安全环保理念和 QHSE 理念七个方面的内容，它融合了中国石油锦州石化公司员工优秀的文化底蕴，表达了中国石油锦州石化公司对未来的憧憬和对事业的信念，必将成为凝聚和激励企业上下一心、同心同德走向成功与辉煌的核心力量。

1. 企业精神：爱国　创业　求实　奉献

爱国：爱岗敬业，产业报国，持续发展，为增强综合国力做贡献。

创业：艰苦奋斗，锐意进取，创业永恒，始终不渝地追求一流。

求实：讲求科学，实事求是，"三老四严"，不断提高管理水平和科技水平。

奉献：职工奉献企业，企业回报社会、回报客户、回报员工、回报投资者。

2. 核心经营管理理念：诚信　创新　业绩　和谐　安全

诚信：立诚守信，言真行实。

创新：与时俱进，开拓创新。

业绩：业绩至上，创造卓越。

和谐：团结协作，营造和谐。

安全：以人为本，安全第一。

"诚信、创新、业绩、和谐、安全"的核心经营管理理念集中体现了集团公司经营管理决策和行为的价值取向，是有机的统一整体。其中诚信是基石，创新是动力，业绩是目标，和谐和安全是保障。

3. 企业宗旨：奉献能源　创造和谐

公司将通过不懈的努力，正确处理与顾客、股东、员工、社会的关系，以卓越的业绩，最大限度地回报顾客、回报股东、回报员工、回报社会，实现公司价值的最大化。

4. 企业核心价值观：人本　开放　创新　和谐

人本：就是以人为出发点和中心，把人作为企业最重要的资源，尊重人的主体地位，充分激发和调动广大员工的主动性、积极性和创造性。

开放：开展多方面的对外交流与合作，形成投资主体多元化、原料来源多渠道、技术交流多层面、企业管理信息化的开放格局。

创新：创新的重点是以转变观念为核心，推进思想观念创新，以新思维解决新问题；以市场化为导向，推进制度创新，用市场机制规范企业运作；以自动化和信息化为重点，推动管理和技术创新，以卓越的管理和产品优势打造竞争优势。

和谐：在企业内部形成一种团结协作、和谐融洽的团队精神，实现员工与企业的共同发展，追求企业与社会和自然环境的和谐发展。

5. 企业人才理念：尊重　爱护　发挥　发展

尊重人才是人才观的第一要旨，是以人为本的思想基础，凡是从业于企业的员工都应受到尊重；爱护是发掘人才潜力的前提条件，只有爱护，才可能拥有，只有爱护，才能长久地拥有；发挥就是用人之长，用人不疑，量才而用，是才必用；发展就是让人才成就企业，让企业造就更多的人才，人才随着企业的发展而发展，企业依靠人才的发展而兴旺。

6. 企业安全环保理念：安全第一　环保优先　以人为本

牢固树立和深入实践"以人为本抓安全"的"人本观","一切事故都是可以控制和避免的"的"预防观","安全源于责任心、源于设计、源于质量、源于防范"的"责任观","细节决定一切"的"执行观","安全是最大的节约、事故是最大的浪费"的"价值观","聪明人接受自己教训,智慧人接受他人教训"的"智慧观","一人安全,全家幸福"的"亲情观"。吃粗粮,创精品,将"精品、责任、执行"的六字方针贯穿始终。

7. QHSE 理念:质量　健康　安全　环保

质量理念:以客户为关注焦点。

健康理念:珍惜生命从关注员工健康开始。

安全理念:付出一万以防万一。

环保理念:保护环境从我做起。

质量、健康、安全、环保是人类生存的四大关注点。作为物质财富的创造者,锦州石化分公司全体员工的质量意识、健康水平、安全保证和生存环境,成为企业发展优先考虑的课题,在未来的发展中,企业将全面推行质量目标管理和安全目标管理,健全健康管理制度,增加环境保护设施的投入,把生产过程中影响质量、健康、安全、环保的因素降到最小。

(节选自《中国石油锦州石化公司企业文化手册》)

知识链接

一、企业文化名言

领导者没有战略,企业就没有灵魂;领导者不识人才,企业不会跨越式发展。如两者同时发生,企业已经走向死亡。

企业好比一辆车子,做企业就好像车子行驶在高速公路上一样,能否成功地开到目的地首先取决于我们的车况。如果我们的车最快能开到 100 公里/小时,那么我们最好跑到 60 公里/小时;如果最快跑 250 公里/小时,我们一般开 140~160 公里/小时,那样才安全。——王志东

二、理论知识

(一)企业理念的内涵

企业理念是企业文化的重要内容,是企业精神活动和智慧的结晶,也是企业实践成果提升和总结的精髓。它不仅是企业为适应内外环境而升华的思想体系,同时也是指导企业发展的思想武器。

企业文化是一个完整的体系,其中精神文化是最核心的部分,是支撑这个大体系的灵魂。用柳传志的话说,企业理念是一个企业大厦的"图纸"。把企业精神文化分为三大框架,即核心理念系统、基本理念系统、传播理念系统,每个框架又分成若干小项。

(1)核心理念系统

① 企业使命。

② 企业愿景。
③ 核心价值观。
④ 企业精神。
⑤ 企业哲学。

（2）基本理念系统

① 经营理念。
② 管理理念。
③ 服务理念。
④ 市场理念。
⑤ 质量理念。
⑥ 廉洁理念。
⑦ 安全理念。
⑧ 人才理念。
⑨ 发展理念。
⑩ 企业作风。

（3）传播理念系统

① 企业传播语。
② 员工誓词。
③ 企业之歌。
④ 企业座右铭。

上面所列的理念并不是全部，有的企业可能不需要这么多，有的企业可能不止这么多，这要在具体实践中增减调整。

（二）企业理念设计

1. 企业理念的设计原则

企业要增强竞争力，就必须树立适应企业发展的理念，必须从企业文化入手。企业文化指企业在发展过程中形成的员工共有的理念信仰、价值观念和行为准则，以及作为外在行为表现、管理风格和管理制度等所组成的有机体系。每个企业都有自己的文化，随着市场经济的发展，企业的文化也要随之而发展，不断对企业文化进行修整。

在企业理念的设计过程中应遵循以下的指导原则。

① 历史性原则；
② 社会性原则；
③ 个异性原则；
④ 一致性原则；
⑤ 前瞻性原则；
⑥ 可操作性原则。

企业文化不是给外人看的，而是重在解决企业存在的问题。建设企业文化的过程，就是企业发现自身问题、解决自身问题的过程。企业文化建设形成的成果要起到改善企业经营效率、凝聚员工的作用，从而引导员工的工作方向、约束员工的工作行为，实现企业的战略目标。不可操作的企业文化只是一个空中楼阁，对企业经营管理毫无促进作用，还会隐藏企业的目标，阻碍企业的发展。

搞企业文化建设必须为企业的经营目标、经营活动服务，为企业提升核心竞争力服务。因而在提炼企业文化时，必须强调文化的实用性和可操作性，确保从现实出发，又略高于现实工作，对各种业务工作有实际的指导和促进作用。要使企业文化建设成为日常管理工作的基础工作，而不能搞花架子和空洞口号，成为无法实施的标语。

2. 企业理念设计方法与渠道

在对企业的价值理念系统特别是基本价值理念系统设计时，不少人往往感到无从下手，主要是因为缺乏资源，找不到思路。根据多年经验，总结出以下思路与渠道。

（1）从企业的历史传统中开发

企业优良的历史传统是经过企业实践所积累的宝贵经验，是企业价值理念的一个历史来源。

（2）从民族的文化精华中开发

古老的中华民族传统文化中不少内容已不适应现代市场经济的要求，但去其糟粕，取其精华，加以改造，推陈出新，仍然有很多文化精华可以为我所用，这些超越历史的文化精华也可以成为现代企业理念可供开发的资源宝库。

（3）从社会的良性文化中开发

企业文化姓"企"不姓"社"，但企业文化必然受社会文化的影响，社会文化中的良性元素也是形成企业价值理念的思想源泉。

（4）从国外的先进理念中开发

企业文化作为一种新的文化学科，本身就是从外面引进的，跟随而来的还有大量西方的、日本的、港台地区的企业文化理念源源不断地被介绍进来。可以说，现在企业文化中的很多新思潮意识都是从外面传入的：质量意识、市场意识、竞争意识、团队意识、优化意识、品牌意识、环保意识……当这些新观念和企业的实践相结合后，就成了企业文化的新资源。

（5）从企业家的精神元素中开发

在企业价值理念整合中，应充分发掘企业家的思想资源，使企业家的优秀思想成果成为企业的共同财富，实现企业家理念与企业理念的完美结合。

在企业文化建设的考察调研阶段，通过各种方式，包括个人访谈、专题研讨会、查阅资料、就企业家的思想访谈员工与客户等，对企业家的思想观念、价值观念、经营之道、管理之道、为人之道进行全面调研，尽可能多地把企业家的原始理念捕捉锤炼出来，作为整合企业价值理念的原料。

（6）从员工的精神素材中开发

企业理念的资源还蕴藏在广大员工中。这包含两层意思，一是员工们在企业的经营实践中已经感悟出不少有价值的理念；二是企业的先进分子、模范人物身上体现着不少有价值的理念。

企业的优秀人物特别是企业英雄，在他们身上也体现着企业的价值理念：企业提倡什么，反对什么，在他们身上也已反映出来。企业的英雄群体是企业精神和企业价值理念体系的化身，而员工具体展示着精神上和理念上的内容。我们在企业精神文化的培育中，也要善于从自然形成的企业英雄群体身上开拓和摄取宝贵的精神资源。

（7）从企业的名称品牌中开发

企业的名称，名称的品牌，看来只是简单的几个字，似乎没有多少东西值得开发。但是，有人就从一些成熟的企业名称和名称的品牌身上，发现了丰富的价值理念。

比如：北大方正集团公司已成为国内外著名的高科技企业，现在，有人从其公司名称和文字商标的"方正"二字上，发掘出了一系列的精神内涵。它既反映了公司的产品特点，又体现了公司的企业精神，达到形神兼备的境界。正是北大方正锐意进取、不断开拓、永远创新的企业文化口碑，使方正得到了迅速的发展。

3. 企业理念体系设计整合

将全部资源，根据完整性、系统性与有序协调的原则进行整理，以达到最优化的整体效果。在这个设计的程序中有以下几个关键的步骤。

（1）筛选

在企业文化建设工程的前几个阶段，通过调研访谈、资料查阅、专题研讨和问卷调查，特别是经过诊断评估，对企业文化已经做了主体定位，并确立了设计原则。同时也掌握了大量素材，也就是控制了确立企业价值理念的大量资源。

对这种原料素材，第一步就是筛选，选取适合设计理念系统的有用材料。合格的理念素材有以下标准。

第一是要能促进企业经济持续迅速发展；

第二是要能促进企业员工综合素质的提高；

第三是要能增强本企业的内在凝聚力；

第四是要能提升本企业的社会影响力。

按照上面的四条标准，对全部精神资源进行一次筛选。筛选要坚持八个字："去粗取精，去伪存真。"

先说去伪存真。要通过筛选，把那些不真实的、歪曲的原料剔除出去。任何一家企业，不同的人对不同的事有不同的看法，或者我们在调研中由于方法不当获得了虚假的信息，通过筛选，把最能真实地反映企业本质特征的材料提炼出来。

再说去粗取精。我们占有的原料资源，或许大量的是琐碎的、平庸的、陈旧的、粗陋的，要通过筛选，把这些用不上的东西筛除。比如，我们发动全体员工创作理念，出于认识水平和文化水平的原因，其中80%以上可能没有价值，通过筛选，我们沙里淘金，把沙子淘去，把金子留下。

（2）梳理

通过筛选而得到的精神财富，还是无序的、杂乱的，是以一般形态而存在的，还不能进入系统化的整合阶段，还不能表现本企业特色。梳理，是对本企业的历史和现状，特别是对企业实践萌发的观念和意识，进行系统的、深入的归纳、分析、研究，为一般精神资源与本企业精神资源相结合打下了基础。

梳理首先是对筛选出来的事实的梳理:

第一类是不符合精神财富标准的材料;

第二类是符合精神财富标准的材料;

第三类是超越现阶段精神财富的材料。

其次,对筛选出来的材料还要进行类别的梳理:哪些材料属于基本理念系统,哪些材料属于单项价值理念系统,使之井然有序。

(3) 提炼

对梳理出来的第二类、第三类材料,应当把它们当作宝贵精矿来加以提炼,对其进行综合整理。

综合整理比单纯的分析(筛选、梳理)困难得多,很多事实虽然已经梳理出来并提出了很多问题,但还不能成为可供使用的财富,还要经过综合整理,提炼到可供设计的精纯度。

综合整理之所以困难,正如阿尔文·托夫勒所说:"我们的文明过于强调我们把问题分析成各构成部分的能力,但对于把构成部分再合成整体的能力,则很少提倡。大多数人更擅长分析,而不是综合。这就是我们未来的形象(以及我们的将来)是如此破碎、如此杂乱和如此错误……的一个原因。"

提炼就是浓缩,就是总结,就是归纳,使我们越来越接近最后目标,找到企业价值理念的形成机理和进一步设计的生长点。企业理念体系的形成和确立,往往是一个千锤百炼的过程。

(4) 设计

经过了筛选、梳理和提炼总结之后,企业理念识别系统就进入正式设计或创作阶段了。设计是一项创造性的精神劳动。

这是最关键的一步,但也最难以言说,因为这既要丰富的文史哲积累,又要精通现代企业管理,还要有灵感。一条准确、精彩的理念,可能是千锤百炼,也可能是妙手偶得。

当今企业识别系统的设计,一般要推出三套文本:

第一套是经过科学论证而又具有本企业特色的价值理念体系,主要是基本价值理念体系;

第二套是能够体现这些价值理念的释义或示例说明,使广大员工明白易懂;

第三套是灌输实现这些价值体系的实施推广方案。

4. 企业理念体系设计的三大要求

有了前面的调研、定位,作为企业精神文化建设主体的价值理念系统,经过开发和提炼而进入了设计阶段。这些价值理念的设计,既要能被企业内部员工认同并自觉贯彻,也要被社会公众欣赏和接受。这就不仅需要具有有价值的实质内容,还需要具有科学性、艺术性的表达方式。

(1) 个性化要求

文化的生命在于个性、独创性,在企业文化建设的过程中,个性(或个异性)是首先要坚持的一个原则。企业的理念系统应当具有独特的风格,它能鲜明地从理念上把本企业与其他企业区别开来,特别是它的语言表达要充分具有个性化色彩。

近年间，这种雷同化的趋势有所变化，开始追求个性化。例如，中国移动为用户提供的移动电话服务，为沟通提供了便利快捷的服务。通过沟通，人们的目标和抱负才能得以实现，良好的人际关系才能得以建立，各种矛盾和误解才能得以化解，人们的生活才会更加和谐美好。

"从心开始"，就是讲沟通要从心里沟通，发自内心，做到人与人之间的交流真心诚意。"沟通从心开始"，体现了中国移动的个性化特征，蕴含着特有的精神价值。

"雅戈尔"服装公司的企业精神——装点人生，服务社会。这也是雅戈尔特定的创业、兴业实践的凝结，展示了雅戈尔文化富有个性的特有魅力。首先它具有行业特点："装点人生"中的"装"，使人一下子和服装业联系起来，美好的服装装点人生的美好，装点了别人也装点了自己。其次，它正体现了企业和社会的和谐一致，把服务社会作为企业的价值追求。

（2）整体性要求

企业理念系统应该是一个整体，它是在企业文化整体定位的约束条件下得以形成的，它要在核心理念即企业核心价值观的统率下，内容之间互相协调，彼此照应，相辅相成，相得益彰。

企业理念要素设计首先必须确定核心价值观、企业使命和愿景，只有这三个要素确定之后，才能以此为核心，其理念如经营理念、管理理念、企业作风以及各种单项价值观，都围绕着它进行设计，不但内容上形成有主有从，有总有分，而且语言风格上一致，前呼后应，形成一个理念体系。但现在不少企业理念设计都不是这样做的：他们组织一批文化背景不一、水平参差不齐的人，各干一条，合而拢之。最后形成的理念杂乱无章，主次不分，逻辑不通，风格不一，名为集体创作，实际成了大杂烩。

（3）战略性要求

企业文化塑造与企业战略选择和企业制度安排经常是三位一体的，是你中有我，我中有你的。因此，在企业理念的设计中，也要充分考虑到这一点。

首先，企业理念设计必须以企业发展战略为依据，离开了战略发展的理念，是盲目的，不自觉的，短视的。

其次，企业理念中的基本理念，如企业使命、经营理念等，与企业的战略发展规定的产业结构、未来目标、经营方向直接相关。

因此，成功的、优秀的企业理念设计，是离不开企业发展战略的，对于缺少发展战略规划的企业来说，企业文化建设的首要任务，就是要协助企业勾勒出企业发展战略的轮廓，甚至协助制定发展战略，并以此作为企业理念设计的依据。

对于已经制定了发展战略的企业，理念设计的首要任务，是其发展战略，并用客观的、科学的态度去重新审视其发展战略，指出其可能存在的缺陷，甚至方向性的问题。当然，这需要这方面的专业素质，并非一般的咨询人士所能担任的。

5. 企业理念体系的表达方式

企业文化理念在设计的时候，不但要使之有思想有内涵，还要赋予它一定的文采，表达得好，才易于接受，易于传播。这也是企业文化管理的一个重要原则。

（1）口号化表达

口号是供口头呼喊的有纲领性和鼓动性作用的简短句子。特点是内容精练，主题突出；比较强的鼓动性、感染力和号召力；句子简短，音韵铿锵，便于记忆、阅读和传播。

在企业理念设计中，多数企业也采用了口号化的语言表达方式。将企业理念口号化的主要表现是：

① 把企业价值观、企业精神、发展理念、人才理念等基本理念设计成符合口号特点的语句；

② 将企业理念对员工的要求用口号式的话语反映出来；

③ 将企业基本理念不能完全体现但又需向社会公传的精神，用企业形象口号的方式表达出来。

企业理念口号式的表达方式，运用得比较早，也运用得广泛。比如，早在20世纪30—40年代，我国的民族资本企业就提出不少口号化的理念：

公司问题，职工来解决；职工问题，公司来解决。（民生公司）

银行是我，我是银行。（上海银行）

军事纪律，基督精神。（东亚毛纺）

再比如，国外的很多企业表达其企业理念，也是用一些简短明快的短句来表达：

尊重个人，顾客至上，追求卓越。（IBM）

工业报国，光明正大；团结一致，奋发向上；礼貌谦让，适应形势；感恩戴德。（日本松下电器公司）

开发就是经营。（日本卡西欧公司）

在当代中国的企业文化建设中，口号式理念表达也成了普遍现象，我们可以随手举例：

网络好，服务更好。（上海电信）

口号是对所要表达的企业理念内容的高度浓缩和概括，是企业对文化的生动展现。因此，正确地掌握和运用口号技巧，对于理念的实施和传播，对于用理念规范企业的实践行为，对于树立企业的形象，都有很大的帮助。

（2）人格化表达

海尔集团张瑞敏曾经谈过这样一番话："在确立企业的价值观时，提出理念不算困难，困难的是让人们认同这些理念。《圣经》为什么在西方深入人心？靠的是里面一个一个生动的故事。推广某个理念，讲故事是一种很可取的方式。比如，海尔提倡创新，提倡尊重每个人的价值，提出了'人人是人才'的口号。一开始员工反应平淡，他们可能都在想，我又没受过高等教育，当个小工人，是什么人才？这时，海尔管理者就把由一个工人发明的一项技术革新成果以这位工人的名字命名，并且由企业文化中心把这件事作为一个故事在企业进行传播。很快，工人中就兴起了技术革新之风。海尔的文化中心经常在传播着种种故事，这对企业的稳定发展起了十分重要的作用。"

美国惠普公司的总裁彼得很欣赏张瑞敏讲故事的方式。他说："惠普在贯彻企业价值观时基本上也是这种方式。我们要求经理人员经常对手下员工进行培训，培训就是多讲、勤讲各种体现惠普价值观的例子，并且要求经理人员以身作则，言行一致，不能说一套做一套。"

上面海尔和惠普两位总裁的谈话，提出了企业理念的一种表达方式——人格化故事式的表达。

对于企业理念人格化，我们并不陌生。当年把鞍钢精神说成"孟泰精神"，把大庆精神说成"铁人精神"，就是人格化企业理念的表达方式。

当今的企业文化建设中，也有不少企业像海尔那样，通过培植企业的"共生英雄"，即与企业共忧乐、共命运、一起成长、一起发展的先进人物，来体现和宣传自己的价值理念。

(3) 艺术化表达

企业理念的艺术化，是指将企业理念要素用音乐、美术、摄影、电视等艺术手法表现出来，借助艺术的美来传播和推广。这些东西都是企业文化的载体，也是群众喜闻乐见的文化形式。

6. 企业理念体系的设计

对未来企业文化的把握，主要是指企业文化要与企业战略发展相一致，与社会发展相一致。公司战略的目标定位、战略选择都会对企业文化建设产生一定影响。比如某一种生产导向的经营理念，无法迎接日益激烈的市场竞争；另一种纯技术路线，也很难在市场上立足。企业文化还需要企业家结合自身的战略目标和对未来竞争态势的判断，进行相应的企业文化建设。

企业文化的理念层是全体员工的基本信念、核心价值观、道德标准以及企业应该提倡的精神风貌，它集中表明企业对未来的判断和战略选择，从这个意义上讲，理念层设计是企业文化体系的灵魂。

从未来着眼是理念层设计的关键，企业家要注意以下几个重大理念设计。

（1）企业愿景设计

企业愿景也称企业理想或共同目标，它表明企业全体员工的共同追求。它既是一切活动的目标，也是凝聚人心的根本，所谓"志同"才能"道合"。在企业愿景表达方面，立意要高，谋虑要远，仅仅表达出企业在经济方面的奋斗目标是不够的，还要有对企业社会价值的认识和未来企业的定位。比如，"建国内一流企业，工业报国"；"打造世界知名品牌，为人类创造美好生活"等。

（2）企业宗旨设计

企业宗旨又称使命设计或企业责任，它表明企业存在的价值和对各方面的责任与义务，一般表达成"为什么服务"。一般来说，企业利益的相关方不外乎国家、民族、股东、上级单位、社会、顾客、供应商、竞争者等几方面，企业的责任表达不能完全局限于"为用户服务""一切让顾客满意"，还要承担起"国家强盛、民族振兴"的重任，这样的企业宗旨才会有巨大的感召作用。

（3）企业核心价值观设计

企业核心价值观又称共同信念或信仰，它是大家都认同的对人、对事、对物的价值判断标准。企业核心价值观可以是一条，也可以是一个谱系，有些企业把价值观表达成"××观"，如"义利观""学习观"等。学习型组织是未来组织的发展方向，企业只有不断创新，才能在市场竞争中处于不败地位，在企业核心价值观设计中，需要表达在未来竞争中的这种素质要求，因此，许多企业把"强学力行"作为企业的核心价值观。

（4）企业精神设计

企业精神是企业为实现共同愿景必须具有的群体精神风貌，这种精神常用"××精神"或英雄人物来表达。企业精神的设计要体现企业未来的定位，更好地塑造企业未来的公众形象。比如，北京公交"一心为乘客，服务最光荣"的精神，就是服务标兵李素丽的形象概括，它对所有员工的行为具有潜移默化的影响。

（5）企业哲学设计

企业哲学是对企业发展动力的哲学思考，表明企业靠什么安身立命，一般表达成"××哲学"，然后进行解释。企业哲学设计过程，反映的是对企业动力的思考过程，对企业而言，要充分考虑未来企业缺乏什么，较好地反映出企业未来发展的要求。比如，人本哲学、日新哲学、玻璃哲学、流水哲学等。

（6）企业经营理念设计

企业经营理念设计是企业对经营活动的基本思考，通常表现为"××第一""以××为××"等形式。企业经营理念的设计，实际上是一系列选择的排序问题，比如，生产型企业要强调成本意识、安全意识、效率意识、质量意识等方面。经营理念的设计，必须从企业战略出发，是生产导向、技术导向，还是市场导向，直接影响着企业的进一步发展。需要注意的是，通过企业家对企业未来的判断，经营理念要突出重点，有所侧重才能有所提高，什么都强调的结果是什么都很难提高。

组织实施

① 组织学生利用网络搜索或实际参观访问，收集石化类企业的理念资料。
② 对所收集石化企业的理念资料进行分析提炼，建构企业理念。
③ 组织全班同学进行评析。
④ 谈谈企业的理念对企业发展的作用。

成果评价

评分细则（总分 10 分）
① 语言规范、简洁、流畅，内容积极、健康。（2分）
② 结合公司客观实际，符合公司的核心价值导向。（2分）
③ 在整合运用企业原有企业文化优秀元素的基础上，进行提炼及提升。（2分）
④ 附上内涵说明文字，并根据内涵结合公司实际进行具体阐述。（2分）
⑤ 条理清晰，层次分明，逻辑严密，无错别字。（2分）

拓展任务

为一个新建企业设计一份企业理念建设方案。

拓展项目

齐眉棍

项目介绍：

① 让小组成员站成相对的两列/并排一列亦可，将轻质塑料棍放在每个人的双手上，让小组成员全部将双手举到自己的胸口位置。
② 在保证每个人的手都在轻质塑料棍下面的情况下将轻质塑料棍完全水平地往下移动。一旦有人的手离开轻质塑料棍或轻质塑料棍没有水平往下移动，任务就算失败。

这是一个考察团队是否同心协力的项目。在所有学生手指上的轻质塑料棍将按照教师的要求,完成一个看似简单却最容易出现失误的项目。此活动深刻揭示了企业内部的协调配合之问题。这个项目告诉我们统一的指挥加所有队员共同努力对于团队成功起着至关重要的作用,将有利于提高学生在工作中相互配合、相互协作的能力。

齐眉棍操作程序:

① 准备一根齐眉棍。

② 让小组成员站成相对的两列,小组成员全部将双手水平伸出食指,统一到胸口的高度。

③ 将齐眉棍放在每个人的食指上,必须保证每个人的食指都接触到齐眉棍,并且手都在齐眉棍的下面。

④ 要求小组成员将齐眉棍保持水平,小组的任务是:在保证每个人的手都在齐眉棍下面的情况下,将齐眉棍完全水平地往下移动。一旦有人的手离开齐眉棍或齐眉棍没有水平往下移动,任务就算失败。

⑤ 所有人必须全部参加,培训师要严格监督,同时引导大家在活动过程中思考和调整方法。

测试

内控力测评

请在符合你看法的选题编号前打"√"。

题号	选项		
①	A	B	C
②	A	B	C
③	A	B	C
④	A	B	C
⑤	A	B	C
⑥	A	B	C
⑦	A	B	C

续表

题号	选项		
⑧	A	B	C
⑨	A	B	C
⑩	A	B	C
⑪	A	B	C
⑫	A	B	C

试题①

A. 赚钱主要是为了获得适当的休息

B. 通过持续努力工作获得晋升

C. 每个人只有工作才有价值

试题②

A. 注意到自己努力学习和成绩之间直接联系

B. 老师对我多次反应只是偶然的

C. 学生成绩取决于老师的能力

试题③

A. 离婚的数字表明，越来越多的人不再尝试维持他们的婚姻

B. 婚姻是一场豪赌，关键看机遇和缘分

C. 一旦遇到喜欢的人，就有追求的欲望

试题④

A. 认为一个人可以改变他人的基本态度是愚蠢的

B. 如果我正确，我就能说服别人

C. 如果遇到讲道理的人，说服他还是有希望的

试题⑤

A. 有能力的人，在面对机遇时，晋升的可能性更大

B. 在我们的社会中，一个人能否获得权力取决于自己的能力

C. 没有机遇能力再强也没用

试题⑥

A. 懂得如何与别人相处的人是很容易被领导的

B. 有些人个性很强，不可能受别人影响

C. 如果时机恰当，我还是可以影响他人的

试题⑦

A. 我取得的成绩是自己努力的结果，和运气无关

B. 有时我觉得我的付出和自己取得的成绩关系不大

C. 成绩往往与自己的努力和领导的认可有关系

试题⑧

A. 如果我能听从别人的意见，像我这样的人也可以改变事情的轨迹

B. 相信一个人能受到社会的普遍影响，仅仅是一个愿望

C. 每个人都有利益需求点，总会受到他人的影响

试题⑨

A. 发生在我身上的大量事情可能是一种机遇和偶然

B. 只要我坚持，我就有希望

C. 对一件事的执着度，要分析判断概率的大小，事有可为方能为

试题⑩

A. 和人相处是一种必须实践的技能

B. 交易是双方利益的取舍，几乎不可能使双方都快乐

C. 令对方快乐，是维系长远关系的必备技能

试题⑪

A. 销售人员的业绩与公司产品的品牌和质量密切相关

B. 销售人员的业绩主要依靠奖金刺激力度

C. 销售人员的业绩主要看人脉关系

试题⑫

A. 小布什总统竞选成功主要得益于老布什的总统背景

B. 小布什总统竞选成功主要是因为竞争对手较弱

C. 小布什总统的当选是因为他抓住了国民的反恐情结

思考与练习

① 谈谈企业理念对企业的重要性。

② 找一个企业，谈谈你对这家企业理念的解读。

③ 举例说明企业理念建设的原则。

④ 如何表达企业理念？

学习情境十三

企业道德案例评析

学习目标

① 掌握企业道德的内涵。
② 认识企业道德在企业发展中的重要意义。
③ 能够对企业道德案例进行正确评析。
④ 学会如何培育企业道德。

任务描述

收集企业道德案例和媒体、名人名家对有关企业道德案例的评论及名言名句,编制某一企业道德案例,加以评析,并以小组为单位进行讨论,研讨企业道德在企业生存和发展过程中的重要作用和意义。

案例

从"三鹿奶粉事件"看当前社会的道德问题

首先回顾三鹿毒奶粉事件发生的过程记录。

① 2008年9月8日,甘肃《兰州晨报》等媒体首先以"某奶粉品牌"为名,爆料毒奶粉事件,三鹿稳坐泰山,一副事不关己的模样。

② 2008年9月11日,三鹿集团股份有限公司发布产品召回声明,称经公司自检发现2008

年8月6日前出厂的部分批次三鹿婴幼儿奶粉受到三聚氰胺的污染，市场上大约有700吨。

③ 2008年9月12日，三鹿集团发布消息，此事件是由于不法奶农为获取更多的利润向原奶中掺入三聚氰胺。并宣称通过对产品大量深入检测排查，在8月1日就得出结论：是不法奶农向原奶中掺入三聚氰胺造成婴儿患肾结石，不法奶农才是这次事件的真凶，并立即上报，而且通过卫生部发布召回婴幼儿奶粉的声明。

④ 2008年9月13日，国务院对三鹿牌婴幼儿奶粉事件做出六项决定。党中央、国务院对此高度重视，对严肃处理三鹿牌婴幼儿奶粉事件专题做出部署。当晚，河北省委连夜召开常委扩大会议，认真传达学习中央领导同志关于处理好三鹿牌奶粉重大安全事故的重要指示和国务院有关会议精神，通报前一阶段事故调查处理工作进展情况，并研究部署下一阶段工作。

⑤ 2008年9月14日，河北省政府对外通报，三鹿重大食品安全事故目前被刑事拘留的十九位犯罪嫌疑人中有十八人是牧场、奶牛养殖小区、挤奶厅的经营者，河北警方正全力彻查。

⑥ 2008年9月15日，石家庄三鹿集团股份有限公司向因食用三鹿婴幼儿配方奶粉导致患病的患儿及家属道歉。声明对于8月6日以前生产的产品，全部收回，对8月6日以后生产的产品，如果消费者有异议、不放心，也将收回。将不惜代价积极做好患病婴幼儿的救治工作。

⑦ 2008年9月16日，鉴于三鹿集团股份有限责任公司法人代表××对事故负有很大责任，石家庄市委已做出决定，责成新华区委免去××石家庄三鹿集团股份有限责任公司党委书记职务，按照董事会章程及程序罢免××董事长职务，并解聘其总经理职务。河北省政府决定再加派四个工作组进入三鹿集团进行彻底调查。国家质检总局今天发布消息，三鹿、伊利、蒙牛、雅士利等22家奶粉中检出三聚氰胺，其中三鹿奶粉含量最高。中共河北省委常委扩大会16日研究决定，同意石家庄市委提出的有关建议，在前一阶段事实调查认定的基础上，先期对部分"三鹿奶粉事故"负有领导责任的相关人员做出组织处理。

初步调查所获得的证据表明，"三鹿奶粉事故"目前主要发生在奶源生产、收购、销售环节。为此，中共石家庄市委向河北省委报告，建议免去石家庄市分管农业生产的副市长××的职务，同时免去石家庄市畜牧水产局局长××的职务。鉴于对奶源质量监督不力，石家庄市食品药品监督管理局局长、党组书记××，石家庄市质量技术监督局局长、党组书记××16日也被上级主管机关免去了党内外职务。

其次分析一下三鹿奶粉事件的道德原因。

发生三鹿奶粉事件，人们的第一反应是极度震惊，而后是愤怒。群众纷纷对事件相关企业及安全审查机构甚至销售商表示严重谴责。其实三鹿奶粉已经不是近年来的第一个食品安全问题，早前的苏丹红、瘦肉精、毒大米，甚至在这之前就发生了一起问题奶粉事件。那么，为何人们唯独对此次三鹿奶粉事件进行了如此猛烈的抨击呢？

因为三鹿是连续多年获得免检产品称号的国内大厂商，在普通消费者中也具有比较大的知名度。也就是说，它在国内是有很大的市场的，这就决定了它所造成的危害和影响比起安徽毒奶粉事件要恶劣得多。因此，人们对此所表现出来的种种反应就不难理解了。

那么，我们就从三鹿奶粉从生产商到销售商再到消费者的手中的步骤开始来慢慢地分析当前某些企业的道德问题。

第一，产品本身。

奶粉是通过对原奶进行加工制造的，那么，首先就要来看一下奶源问题。从三鹿最开始的解释看，三聚氰胺的存在是由于奶农在原奶中私自加入了多余成分造成的。我们能明显看到，三聚氰胺是有毒的。尽管毒性轻微，但仍然是有毒。奶粉是食品，而且是主要用于喂养婴儿的食品。那么，是什么原因让奶农加入三聚氰胺这种毒性物质的呢？究竟是否是奶农掺加的呢？

通过资料能看到，食品工业中常常需要检测蛋白质含量，但是直接测量蛋白质含量技术上比较复杂，成本也比较高，不适合大范围推广，把三聚氰胺掺加在一些食品中能提高蛋白质检测含量，所以说奶粉中有三聚氰胺，绝对不是无意中受污染，而是有意为之，使劣质食品通过食品检验。

如果加入三聚氰胺，掺入清水后，可以增加交奶量来获利，问题来了，鲜奶的指标不单单是蛋白质含量这一指标，即使蛋白质含量因为掺入了三聚氰胺而合格，其他的如脂肪、碳水化合物、钙等一般性指标必然偏低，如果这样掺假的原奶都能通过检测，我们不禁要问，三鹿作为国内大型奶制品企业，在原奶收购的产品检验中，存在多么大的漏洞，也很难想象只有含氮量这一个指标。

因此，即使存在奶农可能的掺假行为，但更严重的事件不在这里，而是企业自身的问题。作为一个大型企业，居然没有检测出原料中的有害物质，因此，三鹿本身是肯定脱离不了责任的，企业存在着严重的道德缺失。

第二，食品安全检查。

产品制造出来了，不管是有无三聚氰胺，它总是要经过安全检测的吧？那么，为何多达700吨的问题奶粉能通过食品检测，放在超市的货架上？如果说三鹿企业有责任的话，那么食品安全检查部门存在着更大的问题。

据有关专家介绍，目前我国已制定了包括各类食品产品标准、食品污染物和农药残留限量标准、食品卫生操作规范在内的众多标准。目前的问题并不是没有标准，并不是设备的不足，而是其工作重心在于"品牌"，"质量"是否达到了国家相关标准，而对于为了达到这个标准而加入的物质是什么，并不关心或关心甚少。

那么，我们从这个问题中能得到什么启示，或者反思些什么呢？

三鹿奶粉事件，反映出的最大问题，不是食品检测手段及标准，也不是原料采购标准。罗马不是一天建成的，奶粉也不是说乳牛产了奶后对着牛奶说一声"变"，它就立马变奶粉了。从牛奶到奶粉到食品检测到销售，这中间经过了多少个环节？如果说这中间所有的相关人员都是无辜的，显然是令人难以置信的。这个事件，唯一能真正反映出来的最大问题是当前企业的道德问题。我国经济已经高速发展了30年，并将持续很长时间。这期间所有的一切的核心任务是什么？当然是经济。于是某些企业把一切向钱看当成了企业的目标，却置用户的安全于不顾，最终导致了有毒奶粉事件的发生。

从三鹿奶粉事件，我们不仅仅能看到商家自检和食品安全检查的管理制度上的问题，它更反映出了当前某些企业和个人在道德上的迷失。要防止类似事件的再发生，需要我们所有中国人的共同努力。

知识链接

一、企业文化名言

小胜凭智,大胜靠德。——牛根生

关于成功的经验,如果你问一百个人,可能会有一百种答案,这是个性使然。但在成功人士的身上,却有着相同的共性,就是做一个有着高尚品格的人。——吴甘霖

二、理论知识

(一)企业道德的含义和特征

1. 企业道德的含义

企业道德是指在企业这一特定的社会经济组织中,依靠社会舆论、传统习惯和内心信念来维持的,以善恶评价为标准的道德原则、道德规范和道德活动的综合。按照道德活动主体的不同,可分为企业的组织道德和员工个人的职业道德。企业道德既是社会道德体系的重要组成部分,也是社会道德原则在企业中的具体体现。它是人格化了的企业,在生产经营活动中,在自然求索、社会交往中,所应遵循的旨在调节企业与国家、企业与他企业、企业与他单位、企业与竞争对象、企业与服务对象以及企业内部各方面关系的行为规范总和。它是依靠社会舆论、传统习惯,特别是通过人们的内心信念而起作用的。

2. 企业道德的特征

企业道德是企业及员工对共同道德标准统一的认可,它有功利性、群体性、实践性、继承性和时代性五个方面的特征。

① 功利性是由企业以盈利为目的的基本性质所决定。在企业与市场以及社会的各方面关系中,道德因素之所以成为必要和被看重,就是因为企业道德的完善能够直接或间接地给企业带来利益和发展,企业道德不仅是企业的责任更是企业增强竞争力的武器之一。

② 群体性也是企业道德的一个重要特征。企业道德属于一种群体道德,群体的自我约束越健全,其道德形象就越完美。从职业道德方面来看,企业道德约束的对象是企业的全体员工,是一个群体,只有这个群体的总体道德水平提高了,我们才能说企业道德水平在改善。

③ 道德作为人类把握世界的一种特殊方式,本质地讲,是一种实践精神。道德的实践精神本性决定企业道德也必然具有实践性的特点。企业道德蕴藏在企业一切生产经营活动中,而企业的任何生产经营活动都是具体的行为,具有讲求实践的特性。

④ 企业道德也不是无本之木,它是在继承历史上有关经济活动方面的道德因素的基础上产生的。

⑤ 企业道德产生之后也不是一成不变的,是要随着时间的推移而有所变化的,即企业道德所具有的时代性特征。

(二)企业道德的效能与建设

1. 企业道德的效能

企业道德是伴随企业的产生和发展而自然形成的一种深刻影响企业的管理力量,而且它

比纯粹的经济手段、行政手段乃至法律手段的作用更广泛、更深刻和持久。历史和现实告诉我们,以纯经济的眼光来组织、管理企业的经营活动,很难达到理想的经济目标,即使达到了,也是暂时的。因此,在政策的制定和方案的实施中,都必须体现某种价值观念和道德原则。这不仅表明企业职业道德是企业生存、发展的内在需求,而且也证明它发挥着其他手段不可替代的管理效能,这种效能具体表现在两个方面:

① 企业道德能唤起和激励全体员工的职业热情,达到提高经济效益的最佳目的。追求经济效益是企业生产经营活动的重要目标,只有取得最佳经济效益,才能切实保障企业的生存和发展。企业道德不仅仅反映而且发挥着自身的各种功能,去积极辅佐企业的经营发展,因为企业经济效益的提高,无疑会增加社会财富,促进社会发展,而这正是职业道德的较高目标之一。这就必须通过协调各种利益关系,强化企业道德自身的教育功能,使热爱本职、忠于职守、遵纪守法、诚实劳动、公平竞争、通力协作、敢于创新等价值观念,变成全体职工的信念和自觉行为,从而激发职工强烈的集体荣誉感和对企业的责任心,以满腔的热忱,积极地投入企业活动中,创造更多更好的产品。在这里,企业道德释放出来的是凝聚力和推动力,可以把全体员工与企业目标紧密连接起来,形成巨大的动力。

② 企业道德能够阻止和抑制企业的负面效应,保证企业的正确发展方向。企业道德通过对企业行为的一些重大关系方面来提供正确的价值导向,这就能较好地防止企业行为的负向投射,把企业纳入持续发展的健康轨道。比如,在经济效益与社会效益的关系上,企业道德在重视经济效益的同时,还强调必须对人的生命价值、社会活动、消费者利益、社会精神面貌及自然生态平衡负有高度的责任。在竞争与协作的关系上,社会主义企业道德主张通过提高技术水平、改善经营管理、提高产品质量、降低商品成本等手段来加强竞争能力,反对采取不正当手段去损害他人利益。在企业与国家、个人利益关系上,企业道德强调兼顾三者利益,保证国家利益的权威性,保证企业职工的个人利益及企业的再生产需求。只有这样按照道德法则去行事,才能保证企业的正确方向和持久发展。对于人的管理,懂得人际关系的奥妙,增进人与人之间的信任,激励人们去追求共同的目标,使职工个体能获得全面的发展。

在上述认识和调节的过程中,贯穿渗透教育的作用,这种作用主要表现在道德对人心的征服上。这主要通过社会舆论对职工行为的褒与贬,使职工内心深处受到教育,并通过传授管理道德知识、个人示范和集体影响及典型诱导等方法,使企业职工的道德意识得到强化,自觉地用企业道德要求来规范自己的行为。总之,管理道德的作用在于提高管理者的职业道德素质,强化企业成员的道德意识,理顺和改善管理中的人际关系,最大限度地激发和调动职工的积极性、主动性和创造性,以达到既促进劳动生产率的提高,更好地实现企业的经营目标,又使从业者获得全面发展的目的。

2. 企业道德的建设

企业道德建设是一项复杂的系统工程,需要各个方面进行长期、艰苦的努力才能见成效。从企业内部来讲:

① 要大力加强企业道德教育。通过报告、培训、广播、厂报、座谈等形式,对干部职工进行企业道德的基本原理、基本规范、基本内容的宣传教育,引导教育干部职工充分认识企业道德产生的必然性,充分认识企业道德对于建立现代企业制度,增强企业竞争力的重要作

用，使广大干部职工自觉地投身到企业道德建设中。

② 要认真抓好企业道德评价。对于企业内部的道德评价，要善于运用表彰大会、广播、厂报等形式，表扬和宣传那些具有优秀道德品质员工的模范行为和事迹，批评和惩罚那些违背企业道德和准则的不良行为。同时，企业应积极主动收集外界的表扬和批评意见，及时监督和调整企业及员工的行为。

③ 要把企业道德和思想政治教育及社会公德教育相结合。要注意发挥广大职工的主体作用。企业道德建设是企业职工自我教育和自我改造的过程，只有充分发挥职工的主人翁作用，调动职工的积极性，企业道德建设才有坚实的基础和可靠的保证。

3. 企业道德建设的意义

（1）加强道德建设有利于提高企业层次

企业道德是蕴含着企业各种权利和义务的道德实体。企业的行为必须是负责任的，即企业的行为要顾及消费者和其他社会成员的权利。随着消费水平和消费观念的变化，人们对企业的要求越来越高，不仅仅满足于企业提供优良的产品和服务，而且希望企业能承担一定的社会责任，如环境保护，对员工、竞争对手、所在社区负责等。这些都要求企业要加强道德建设，提高自身层次，这样才能适应环境变化，把握市场竞争的主动权。在世界500强企业中，除了先进的技术、严格的管理、旺盛的创新意识、崭新的人才观念外，无一例外，都拥有企业自身的道德行为规范，而且都对企业道德建设和实施非常重视。如索尼公司提出："以提高索尼集团的企业价值为经营的根本，把自觉性和自律性的道德标准作为企业的重要组成部分。"这些成功的企业都向我们展示了道德建设是企业发展的重要组成部分。加强道德建设不仅是企业环境变化的要求，也是现代企业制度的内在要求。

（2）加强道德建设有利于提高企业控制的有效性

企业作为市场主体和社会经济实体，必须以生产经营为中心任务，即要追求经济和利润的最大化。为了实现企业目标，需要对员工在生产经营活动中的行为进行约束。企业制度以其强制性、严格性对人的心理产生震慑作用，影响员工的行为。但如果仅以制度进行约束，势必造成生产经营和资源配置的扭曲、僵化，使企业走上畸形的发展道路。而企业道德具有柔性，能在企业制度触及不到的地方发挥作用，调节不同成员在企业活动中的非正式关系，影响员工的行为。所以，道德建设能弥补制度控制的不足，提高控制的有效性。事实上，道德建设也是一种事前控制的手段。由于环境的变化，企业的层级之间、工作团队之间的关系要发生相应的变化，企业已不可能对每个工作单元每一时刻进行全面控制。在这种情况下，员工的行为在一定程度上取决于个人道德素质的高低，加强道德建设有利于提高员工的个人道德素质，可以起到事前控制的作用。

（3）加强道德建设有利于提高企业的竞争力

对于企业竞争力，我们经常提到的是企业核心技术、内部管理、营销能力、企业文化等，这些都是企业外在竞争力。支撑这些外在竞争力的是企业的道德。企业规模越发展，道德对外在竞争力的影响越大。一个没有道德的企业，它的外在竞争力也不会持久。这是因为：一方面，企业竞争最终是对消费者的竞争。消费者不仅对产品质量、适用性很注重，而且会更愿意购买那些诚实经营、有社会责任感的企业生产的产品和服务，加强道德建设可以为企业赢得更多的消费者。另一方面，企业员工在充满信任、责任感和抱负的环境中能够取得最富创造性的成果，而这样的环境只有在诚实、信赖、公平、尊重价值观的基础上才能建成，加强道德建设有利于开发企业的潜能，增强企业对社会的供给能力。所以，从某种程度上说，企业的竞争就是道德的竞争。

（三）企业道德的培育

一个企业道德低下的企业的文化肯定是失调的或畸形的，一个企业文化偏激的企业的企业道德肯定是粗俗的或偏颇的。建设企业文化绝对不能忽视企业道德的培育工作，而企业道德的培育工作又势必依赖于企业文化的辐射功能。

1. 企业道德的培育需要强调员工价值

企业文化的真谛是以人为本，讲究尊重人、理解人、关心人。企业道德培育必须克服短期行为，必须创造一种竞争平等、待遇公正、畅所欲言、身心愉快的企业文化氛围，形成强烈的企业凝聚力。要大力开展教育培训及文化娱乐活动，提高职工的技术素质，陶冶职工的思想情操，帮助员工树立正确的世界观、人生观、道德观。必须引导企业成员互相关心、互相爱护、互相帮助，不断增强他们的职业责任感，充分发挥他们的主观能动性，维护与巩固企业道德这种自觉的精神力量。

2. 企业道德的培育需要提升员工认识

企业道德的培育具有重大意义：对内，可以影响各项工作任务的完成情况；对外，可以影响企业的产品质量、社会形象、经济效益。在培育企业道德时，必须将企业全体成员的认识提到这一高度。要始终具备强烈的忧患意识，强化职业责任感与集体荣誉感。只有具备这种高度的群体意识，才能形成良好的企业道德。

3. 企业道德的培育需要调整员工心理

培育企业道德必须围绕具体的人来开展。各种各样的人具有不同的性格特征、处于不同的社会地位、获得不同的劳动报酬，难免出现各种各样的不良心理。如果不对这些不良心理进行主动疏导，便会直接导致不良的道德行为。在培育企业道德时，必须充分运用心理学原理，客观分析企业员工的心理动态，把员工的道德心理逐步引导到良性循环上来。前不久，某供电部门组织了一次"假如我是用户"的大讨论。在此基础上，该供电部门归纳了用户的各种意见，分析了问题产生的根源，并采取了相应的改进措施，受到广大用户的热烈欢迎。实际上，"假如我是用户"这个讨论就是一个将心理效应运用于企业道德培育的成功范例。这种做法能够有效地调整员工的心理定式，有助于增强员工的道德意识，并引导他们自觉按照企业的道德准则来调节自己的行为。企业作为市场的细胞，其直接目的是追求利润的最大化，而作为社会的一分子，企业在追求利益的同时，又必须使自身的获利过程同时也成为有利于社会进步和促进人的全面发展的过程，即必须注重企业道德。

组织实施

① 组织学生通过网络搜索企业道德案例，对企业道德有初步了解；
② 组织学生撰写企业道德案例评析报告；

③ 小组长组织本组学生进行道德案例评析报告小组自评，推荐 1~2 名写得好的同学进行汇报；

④ 教师对全班学生道德案例评析报告进行评分，组织全班学生进行点评，掌握评析报告的写作方法；

⑤ 教师对学生的道德案例评析报告评阅打分，并进行小组评比，将小组成绩排名顺序折合相应的分数计入学生个人成绩，培养学生的团队协作精神；

⑥ 学生对评析报告修改，教师二次评价，成绩计入学生本次成绩总分，最后给出结果性评价分数。

成果评价

评分细则（总分 10 分）
① 主题鲜明，富有内涵。（2 分）
② 见解独特，分析合理。（2 分）
③ 案例剖析科学准确。（2 分）
④ 条理清晰，层次分明，言简意赅。（2 分）
⑤ 语言流畅，逻辑严密，无错别字。（2 分）

拓展任务

中外成功企业理念体系的比较研究。

拓展项目

接成语比赛

比赛规则：成语首尾相接，可以是同音或谐音字，每组出一人，每人说一个成语，接不上被罚下，最后剩者为赢。

例如：意气风发　发扬光大　大显身手　手无寸铁　铁骨铮铮　争先恐后　后发制人　人仰马翻　翻天覆地　地动山摇　摇身一变　变本加厉　厉兵秣马　马到成功……

测试

测测你的成功商数等级

请认真、准确、真实地回答测试中的每一个问题，在每题之后画"√"或"×"。

1. 树立自信心
① 你曾经是世界级的冠军吗？
② 你在大自然中是独一无二的吗？

③ 你相信自己有无穷的智慧吗？

④ 你是一个正直、勇敢的人吗？

⑤ 你相信自己有能力去做你要做的事吗？

⑥ 你是否能够合理地摆脱下列七种恐惧：A. 贫穷　B. 批评　C. 疾痛　D. 失去爱　E. 失去自由　F. 年老　G. 死亡

2. 确定价值观

⑦ 你认为你生来对他人及社会就承担着历史责任吗？

⑧ 你认为你生来对自己也承担着历史责任吗？

⑨ 你认为你的行为符合舍己利人的类型吗？

⑩ 你认为人生追求要素中奉献应当排在首位吗？

⑪ 你认为你的事业、财富、爱情、健康四要素应当单项独进吗？

3. 确定目标

⑫ 你确定了一生的主要目标吗？

⑬ 你是否已定下了达到上述目标的时限？

⑭ 你是否定下了达到上述目标的具体计划？

⑮ 你是否规定了上述目标给你带来的一定利益？

4. 积极的心态

⑯ 你是否知道积极心态的意义？

⑰ 你能控制你的心态吗？

⑱ 你知道任何人都能用充分的力量去控制的唯一的东西是什么吗？

⑲ 你知道如何去发现你自己和别人的消极心态吗？

⑳ 你知道如何使积极心态成为习惯吗？

5. 敬业精神

㉑ 你认为精力充沛是敬业的前提吗？

㉒ 毕业后，你自己选择的工作，你会全心地投入吗？

㉓ 你不会对你将来所从事自己不喜欢的工作付出代价对吗？

㉔ 毕业后，迫于无奈，接受第一份你不喜欢或专业不对口的工作，你会马上跳槽吗？

㉕ 从事简单、重复的一份工作，你能坚持 30 年吗？

6. 正确的思想

㉖ 当你谈到你的竞争对手时，你能做到既不会夸张对方的错，也不会忽略他的美德吗？

㉗ "我可以欺骗他人，但我知道我不能欺骗自己。"你认为这句话对吗？

㉘ 你是否经常阅读一些有哲理或者有关成功学的书籍？

7. 自制力

㉙ 当你生气时，你能沉默不语吗？

㉚ 你有三思而行的习惯吗？

㉛ 你易于丧失信心吗？

㉜ 你的性情一般是平和的吗？

㉝ 你习惯于让你的情绪控制你的理智吗？

8. 出众的才华

㉞ 你总是通过影响别人来达到自己的目的吗？

㉟ 你相信一个人没有别人的帮助也会取得成功吗？

㊱ 你相信一个人如果受到他的父母或他的朋友的反对，他在工作中也容易取得成功吗？

㊲ 你认为你将来的上司和你融洽地在一起工作有好处吗？

㊳ 当你所属的学校或企业受到赞扬时，你会感到自豪吗？

9. 迷人的个性

㊴ 你有让人讨厌的习惯吗？

㊵ 你有应用金科玉律的习惯吗？

㊶ 同你在一起学习的人喜欢你吗？

㊷ 你常常打扰别人吗？

10. 首创精神

㊸ 你是否能按计划学习？

㊹ 你的学习有计划性或是模式性吗？

㊺ 你在学习中具有别人所没有的突出才华吗？

㊻ 你有拖延的习惯吗？

㊼ 你有力图将计划制订得更完备以提高学习效率的习惯吗？

11. 热情

㊽ 你是富有热情的人吗？

㊾ 你能倾注你的热情去执行你的计划吗？

㊿ 你的热情是否会干扰你的判断？

12. 注意力的控制

(51) 你习惯于把你的思想集中到你所学的专业上吗？

(52) 你易于受外界的影响而改变你的计划或决定吗？

(53) 当你遇到反抗时，是否倾向于放弃自己的决定或计划？

(54) 你是否能排除不可避免的烦恼而继续学习？

13. 协作精神

(55) 你能否与别人和睦相处？

(56) 你是否能像你随便要别人给予帮助那样给予别人以帮助？

(57) 你是否经常与别人发生争论？

(58) 你是否认为处理好人际关系有很大好处？

(59) 你知道不和你的同学团结会造成损失吗？

14. 从失败中学习

(60) 你是否遇到失败就停止努力？

(61) 如果你在某次尝试中失败了，你能继续努力吗？

(62) 你是否认为暂时的挫折就是永久的失败？

㉓ 你是否从失败中学到了某些教训？
㉔ 你知道如何将失败转变为成功吗？

15. 创造性的想象力

㉕ 你能运用你的建设性的想象力吗？
㉖ 你是否具有决断力？
㉗ 你是否认为只会照章办事的人比能提出新主意的人更具有价值？
㉘ 你是发明创造型的人才吗？
㉙ 你是否就你工作提出行之有效的建议？
㉚ 当处于令人满意的境地，你能听从合理的忠告吗？

16. 安排好时间和金钱

㉛ 你能按固定的比例节省你的收入吗？
㉜ 你花钱不考虑将来吗？
㉝ 你每夜都睡得很充实吗？
㉞ 你是否养成了利用业余时间研读自我修养书籍的习惯？

17. 保持身心健康

㉟ 你是否知道保持身心健康的要素？
㊱ 你是否知道保持心理健康的要素？
㊲ 你是否知道休息和健康的关系？
㊳ 你是否知道调节健康所必需的元素？
㊴ 你知道"忧郁症"和"心理疾病"的意思吗？

18. 个人习惯

㊵ 你是否养成了你所不能控制的习惯？
㊶ 你是否戒除了不良的习惯？
㊷ 近来你是否养成了新的良好习惯？

思考与练习

① 什么是企业道德？
② 结合实际谈谈建设企业道德的意义。
③ 谈谈你对海尔企业道德的解读。
④ 如何培育企业道德？

学习情境十四

聚焦企业文化热点

学习目标

① 了解企业文化的现状。
② 掌握企业文化的热点。
③ 具有应用企业文化的能力。
④ 培养学生对企业文化的研究能力。
⑤ 培养学生对企业文化建设的创新思维。

任务描述

企业文化既具有相对的稳定性,又具有动态的变化性,它在保持一定时期内相对稳定的同时,也应不断随内外环境的变化及企业战略的调整做出及时的调整、更新、丰富和发展。今天,我们每名同学要选择一个当前企业文化的热点问题展开论述,用学过的企业文化知识来指导当前的企业文化实践,思考企业文化的发展和未来。

案例

校企文化融合的思考

从学院文化和企业文化的形成到内涵看,学院文化注重的是办学能力和治学态度,而企业文化体现的使命是"国家利益至上,消费者利益至上"。这决定校企共同发展方向是共性的,是可以互融的。学院借助国家骨干校创建之机,启动了校园文化创新之路,经过几年的建设，按调研诊断、核心理念框架梳理、精句提炼、文化架构形成等步骤，初步形成了"和、精、行"的校企文化架构体系。

校企文化之"和"。"和"是学院发展的基础，"和"是讲人理、人伦、和睦，强调求同存异，和睦共处；"谐"是讲理性，是规矩、是章法、是协调，均衡统一，是对各种利益的兼顾和整合，由此形成的强大合力，为事业发展铺下了基石。"和"并不是一味强调死板、统一，而是尊重每个教师的独立个性和差异性，鼓励和支持独立思考和创新，"和而不同"。

校企文化之"精"。"精"就是"精品"，精益求精，这里包含两层含义。一是在学院发展建设上，不贪大、不求全，以建"精品"学院为宗旨。二是在治学方略上，要"吃粗粮，产精品"；在治学态度上，要"精益求精"，一丝不苟，提升内涵建设水平。

校企文化之"行"。"行"就是运行力，是把思想转化为思路，物化为办学实效的关键；"行"是动词，并不只是强调执行力，还应强调办学活力、反应力和群策群力。高职教育发展日新月异，机会稍纵即逝，在学院发展上只有站得高一点，看得远一点，谋得深一点，一旦抓住机会，就要发挥群策群力的团队协作精神，凝心聚力，成就大事。

校企文化深植必须制定一套规范制度，在强调制度的可执行性和执行力度中，让教职工知道做、懂得做、愿意做。

1. 完善制度文化建设，让制度融入教职工的行动中

制度是有形的，往往以规章、条例、标准、纪律、指标等形式表现出来，而制度文化是通过有形的制度载体表现的无形文化，由于学院教职工普遍认同一种精神文化，一般需要经过较长时间，而把精神文化"装进"制度，则会加速这种认同过程。①要健全完善制度体系，重新修订制度标准；②将企业制度和操作规程、工作标准融入专业建设和课程建设中；③积极推进校企合作的深度和广度，建立校企合作的长效机制；④深化教育教学改革，加强教风、学风、工作作风"三风"建设，真正使办学模式、管理环节、教职工行为三者融为一体，逐渐形成优秀的制度文化，实现学院的可持续发展。

2. 加强校企文化的宣贯工作

要根据"和、精、行"校企文化架构体系，制订系统的宣贯方案。

① 召开全院教职工大会进行宣贯动员；

② 印发校企文化手册，下发相关标准文件，编辑校园文化故事；

③ 6S 标识管理，进行制度、规定上墙，精句提炼，印制哲思精语；

④ 进行形象设计，景观建设；

⑤ 在实训基地实行目视化管理和企业管理模式运行；

⑥ 通过宣传媒体、校报、广播、活动载体对教职工进行教育，进行全方位宣贯，让教职工认同、接受。

3. 加强校企文化建设的组织保障

校企文化的建设和深植不是简单的说说做做、走走形式、跑跑过场，而必须要有强有力的组织保障，才能可持续、广泛、深入地开展。

① 高度重视，"有感"领导。

② 避免校企文化与实际工作"两张皮"现象。

③ 要让教职工和企业认可。

案例分析

校企合作是高校发展的战略性选择，校企合作，文化先行。本文从理论上论述了学院文化和企业文化融合的共性，探究了"和、精、行"的校企文化架构体系，并付诸实践，形成了独特的高校特色校园文化，为企业培养出符合企业需求的、具有职业价值观和职业行为规范的高素质应用型人才，提升了专业服务地方发展的能力，实现了校企双方互惠共赢。

知识链接

一、企业文化名言

文化是一个国家、一个民族的灵魂。对于企业来说，企业文化就是企业的灵魂，是企业发展的原动力。

经营企业就是要经营人，经营人首先要尊重人；员工齐心，管理用心，对用户真心。——张瑞敏

一家企业没有可信的文化氛围正如一个人没有思想中心，会很难获得成功。身为企业领导人要非常相信自己的企业文化，并以身作则，同时有相应的执行力度。——陈翼良

不要只想自己从公司得到了什么，而要多想自己给公司贡献了什么。

二、理论知识

企业文化热点是指在国内企业文化建设中一些广受关注、聚焦率高、影响大的要素和问题。当前，企业文化的热点主要有文化自信、企业文化创新、弘扬劳模精神和工匠精神、企业职能文化建设、混合所有制经济企业文化建设、与世界一流企业文化对标。

1. 文化自信

文化自信是对自身核心价值的充分肯定，是对自身信仰、信念的持久坚持，是对自身未来发展的坚信不疑，是对自身不断反省和用于革命的豪迈气概。

文化自信是企业自信心和自豪感的源泉。企业的文化自信是对企业既有优良文化传统的不断传承与创新，对企业核心价值体系的肯定与坚守，对企业发展的首要思维和鲜明态度，对企业生命力、价值创造力的渴望与执着。可以说，文化自信是新时代中国企业在当今世界多元文化并存对比和互动的稳定根基，是新时代中国企业不忘未来、吸收外来、着眼将来，不断提升自身文化水平的特有能力，是新时代中国企业积极展示风貌和塑造形象的精神底色。

① 打牢企业文化自信的根基。一是以习近平新时代中国特色社会主义思想和有关文化建设的重要论述为依据，从战略的高度，正确认识文化的地位和作用，进一步明确和把握企业文化自信的本质和特征。二是用中华民族五千多年文明历史所孕育的中华优秀传统文化，党领导人民在革命、建设、改革中创造的革命文化和社会主义先进文化，作为企业的价值坐标，积淀和滋润文化自信。三是以马克思中国化的最新成果、中国梦和社会主义核心价值观作为企业文化的本质内涵和文化自信的最显著特征。四是将国家和人民的信仰信念、中华民族最

深层的精神追求化为企业文化的价值认识、价值认同和价值认知，使企业的文化自信打上中华民族独特的精神标识。

② 抓住企业文化自信的关键。价值取向是企业文化自信的灵魂。我们的企业和企业家们正在紧扣"国家需要解决的时代问题"，以加强自主创新、突破核心技术、实现科技强国的价值取向，展示企业应有的责任担当和文化自信。

③ 聚焦企业文化自信的主体。人是企业文化的主体、载体，是企业文化自信的承载者，企业文化的自信就是企业人的文化自信。企业必须要坚持以人为本、以文化人，企业家和企业领导人员要率先垂范、身体力行，自觉地做到尊重人、理解人、关心人、帮助人、成就人，以企业核心价值体系凝聚人心，不断提升企业员工的文化素养和技术素质，充分调动企业员工的积极性和主动性，充分发掘企业员工的潜力和创作力，把严格管理转化为员工的自我控制，把企业目标转化为员工的自觉行动，把员工的潜能发挥转化为企业的核心竞争力，把员工的自我价值实现转化为企业的价值创造，实现企业员工的主人翁意识和个人理想追求的升华，并成为企业文化自信的坚实的基础。

2. 企业文化创新

创新能力是企业的生命基因，企业的创新能力根植于其优秀而独特的企业文化，企业文化创新是企业创新的原动力，是构建和谐企业、和谐社会的精神动力。企业文化创新具有丰富的内涵，企业文化创新的基础是以人为本，核心是企业价值观，灵魂是企业精神，关键是企业家。企业文化创新对提升企业创新能力具有重要的驱动作用，企业文化创新有利于创新的文化氛围，有利于培育优秀的企业家，有利于调动员工的创造力。

企业应顺势而为，在六个方面加快企业文化创新，一是以习近平新时代中国特色社会主义思想为指导，加快认识上的创新。二是着眼迈进新时代、开启新征程、续写新篇章的现实需要，加快内涵上的创新。三是突破以往企业文化建设MI（理念识别系统）、BI（行为识别系统）、VI（视觉识别系统）的局限性，加快形式上的创新。四是围绕新时代、新思想、新矛盾，变问题导向为目标导向，加快思路上的创新。五是从企业文化建设的特点和规律出发，大胆运用现代科技、工具和手段，加快方法上的创新。六是从企业文化的特征、结构、载体和功能四个方面切入，加快路径上的创新。

3. 弘扬劳模精神和工匠精神

弘扬劳模精神一直是我国企业的一个优良传统，而随着从中国制造到中国创造、中华民族工匠精神的薪火相传，建设知识型、技能型、创新型劳动者大军，弘扬劳模精神和工匠精神，营造劳动光荣的社会风尚和精益求精的敬业风气，弘扬劳模精神和工匠精神的热潮可以说是此起彼伏。

那么，我们在企业文化建设中应该如何弘扬劳模精神和工匠精神呢？一是要清楚地认识到劳模精神是工人阶级先进性的集中体现，工匠精神是劳模精神的构成要素及当代品格的核心体现，正确处理好劳模精神与工匠精神的关系。二是在企业文化的体系构建中，要把培养和弘扬劳模精神和工匠精神作为一个主要内容，设立本企业的劳模和工匠的理念精神，并以此制定出全体员工学习和遵守的行为规范。三是大力弘扬爱岗敬业、争创一流、艰苦奋斗、勇于创新、淡泊名利、甘于奉献的劳模精神和精益求精、追求完美、挑战极限、追求卓越的工匠精神，加强劳模精神和工匠精神对员工的情感浸透和角色融入。四是要注意激励和保护劳模、优秀工匠，注意对他们进行持续的教育培养和提供相应的物质保障条件，助力他们继续进步成长。

4. 企业职能文化建设

企业职能文化建设是企业文化建设中的主要内容，是企业文化的理念体系、行为规范体系、形象识别体系在企业各项职能工作实践中的具体应用，是企业文化落地的重要载体和渠道。企业职能文化建设成为企业文化的热点是其必然所在，因为企业职能文化是企业各项业务职能作为载体开展的企业文化建设，是企业文化理念体系、行为规范体系、形象识别体系在企业各项业务工作领域的系统延伸、细化塑造和价值呈现，只有通过企业职能文化才能实现企业文化的"落地"。一般来讲，企业职能文化建设主要有生产文化、经营文化、管理文化、成本文化、团队文化等文化建设。但从目前全国职能文化建设的实际情况来看，企业的安全文化建设、质量文化建设、创新文化建设、品牌文化建设、廉洁文化建设等热度更高一些。新时代开展企业职能文化建设要注意以下几点。

一是要正确认识到企业职能文化建设是企业文化建设的重要组成部分，是部分与整体的关系，应以企业文化的核心理念为主导，以职能理念为核心支撑开展企业职能文化建设。二是要明确企业职能文化建设是由企业文化建设领导机构统一安排部署，由企业业务职能分管领导牵头、机关相关业务职能部门负责具体实施。三是要注意研究和把握企业文化建设的一般规律和企业职能文化建设的特殊规律，切记另搞一套、形式主义、摆花架子。四是要高度重视企业职能文化建设的顶层谋划，紧密结合业务职能的要求和需求，统一策划和实施，讲究实效、勇于创新、突出重点、彰显特色。

5. 混合所有制经济企业文化建设

混合所有制经济企业文化建设是一个新的热点。发展混合所有制经济，必须要先发展混合所有制经济文化，没有混合所有制经济文化，就没有混合所有制经济的发展。混合所有制经济是指财产权分属于不同性质所有者的经济形式，从宏观层次来讲，混合所有制经济是指一个国家或地区所有制结构的非单一性，即在所有制结构中，既有国有、集体等公有制经济，也有个体、私营、外资等非公有制经济，还包括拥有国有和集体成分的合资、合作经济。

作为微观层次的混合所有制经济，即不同所有制性质的投资主体共同出资组建的企业，以及这些企业的企业文化建设。开展混合所有制经济企业文化建设，关键是"混合"二字，要做到五个"混合"。一是从企业文化本质内涵上"混合"。围绕资产保值、增值，对原企业各自的企业文化本质内涵进行"混合"。重新确立企业的核心价值观和价值支撑、智力支持和精神支柱体系，主导企业生产管理、经营管理和以资本运营为核心的资本管理。二是从企业文化的特征上"混合"。重点是对原企业各自的企业文化特征进行"混合"提炼，赋予中国特色社会主义新时代的内涵和要求。三是从企业文化的结构上"混合"。重点是运用企业文化的结构原理，对原企业各自的企业文化结构由内向外地进行"混合"，重新构建新的、统一的企业文化的精神层面、制度层面、行为层面和物质层面。四是从企业文化的载体上"混合"。重点是对原企业各自的企业文化的载体进行"混合"，择优选取，对企业文化的主体载体、组织载体、制度载体、物质载体等进行创新优化。五是从企业文化的功能上"混合"，重点是对原企业各自的企业文化功能进行"混合"，着力突出企业文化的导向功能、凝聚功能、激励功能、创新功能等功能的打造，以文化力构建企业的核心竞争力。

6. 与世界一流企业文化对标

培育具有全球竞争力的世界一流企业必须要有一流的企业文化的底蕴和滋养，必须要有一流的企业文化作为企业生存和发展的原动力，必须要有一流的企业文化作为区别一般企业的最根本的标志。可以说，没有世界一流的企业文化就没有一流的世界企业。这就是与世界一流企业文化对标成为热点的原因。因此，我们要深刻地认识到，建设世界一流企业的企业文化势在必行。

企业必当以责无旁贷、时不我待、只争朝夕的精神，开启落实党的十九大报告提出的"培育具有全球竞争力的世界一流企业"的新征程。一是要深入了解世界一流企业的企业文化的本质内涵、特征、结构、功能和载体，深刻解剖世界一流企业的企业文化产生和发展的内在根源，深深把握世界一流企业的企业文化的建设特点和规律。二是要以建设世界一流企业为指向，紧密结合世界多极化、经济全球化、文化多样化、社会信息化的发展趋势，从国际产业发展和先进企业文化建设的实际出发。运用企业文化建设的一般规律和方法，广开思路，博采众长，科学定位，深入研究，系统构思，精心策划，注重质量，勇于创新。三是深入研究企业文化在世界一流企业的成功发展中所具有的特殊地位、重要作用和表现形式，充分了解世界一流企业的企业文化与企业战略、生产经营、管理的内在联系及辩证统一，勇于克服困难，大胆创新，构建一套世界一流企业的企业文化指数和指标体系，绘制新时代建设世界一流企业的企业文化建设的顶层设计和路线图。

组织实施

① 指导学生选择企业文化热点论题；
② 学生撰写企业文化热点问题短论；
③ 交流企业文化热点问题短论。

成果评价

评分标准（总分10分）

① 选题科学，中心突出，能密切联系实际。（3分）
② 论据充分、准确，论证符合推理，分析问题全面、深刻，逻辑性强，层次分明，结构严谨。（3分）
③ 科学性强，有新意，有自己的见解，具有一定的现实意义或学术价值。（2分）
④ 文笔流畅，书写符合格式，讲述清晰。（2分）

拓展任务

① 中外企业文化的比较研究。

② 跨国并购中的文化融合。
③ 分析一家优秀企业文化案例。

拓展项目

勇于承担责任

规则：学员相隔一臂站成几排（视人数而定）。我喊一时，向右转；喊二时，向左转；喊三时，向后转；喊四时，向前跨一步；喊五时，不动。当有人做错时，做错的人要走出列队，站到大家面前先鞠一躬，然后举起右手高声说："对不起，我错了！"

目的：面对错误时，大多数情况是没有人承认自己犯了错误；少数情况是有人认为自己错了，但没有勇气承认，因为很难克服心理障碍；只有极少数情况有人站出来承认自己错了。

测试

创新能力测试

从三个维度可以测试你的创新能力，快来试试吧。

测试题1：创新思维能力测试

下面是10个题目，如果符合你的情况，则回答"是"，不符合则回答"否"，拿不准则回答"不确定"。

① 你认为那些使用古怪和生僻词语的作家，纯粹是为了炫耀。
② 无论什么问题，要让你产生兴趣，总比让别人产生兴趣要困难得多。
③ 对那些经常做没把握事情的人，你不看好他们。
④ 你常常凭直觉来判断问题的正确与错误。
⑤ 你善于分析问题，但不擅长对分析结果进行综合、提炼。
⑥ 你审美能力较强。
⑦ 你的兴趣在于不断提出新的建议，而不在于说服别人去接受这些建议。
⑧ 你喜欢那些一门心思埋头苦干的人。
⑨ 你不喜欢提那些显得无知的问题。
⑩ 你做事总是有的放矢，不盲目行事。

测试题2：创造力测试

下面是20个问题，如符合你的情况，则在（　　）里打上"√"，不符合的则打"×"。

① 听别人说话时，你总能专心倾听。（　　）
② 完成了上级布置的某项工作，你总有一种兴奋感。（　　）
③ 观察事物向来很精细。（　　）
④ 你在说话，以及写文章时经常采用类比的方法。（　　）
⑤ 你总能全神贯注地读书、书写或者绘画。（　　）
⑥ 你从来不迷信权威。（　　）
⑦ 对事物的各种原因喜欢寻根问底。（　　）

⑧ 平时喜欢学习或琢磨问题。（　　）
⑨ 经常思考事物的新答案和新结果。（　　）
⑩ 能够经常从别人的谈话中发现问题。（　　）
⑪ 从事带有创造性的工作时，经常忘记时间的推移。（　　）
⑫ 能够主动发现问题，以及和问题有关的各种联系。（　　）
⑬ 总是对周围的事物保持好奇心。（　　）
⑭ 能够经常预测事情的结果，并正确地验证这一结果。（　　）
⑮ 总是有些新设想在脑子里涌现。（　　）
⑯ 有很敏锐的观察力和提出问题的能力。（　　）
⑰ 遇到困难和挫折时，从不气馁。（　　）
⑱ 在工作中遇到困难时，常能采用自己独特的方法去解决。（　　）
⑲ 在问题解决过程中有新发现时，你总会感到十分兴奋。（　　）
⑳ 遇到问题，能从多方面多途径探索解决它的可能性。（　　）

测试题 3：工作创意测试

下面是 10 个题目，请在括号中的备选答案中选择一个。

① 你在接到任务时，是否会问一大堆关于如何完成任务的问题？（肯定 0 分，否定 1 分）
② 你在完成任务过程中，是否不善于思考，而习惯于找他人帮忙，或者不断来问别人有关完成任务的问题？（肯定 0 分，否定 1 分）
③ 在任务完成得不好时，你是否会找出一大堆理由来证明任务太难？（肯定 0 分，否定 1 分）
④ 对待多数人认为很难的任务，你是否有勇气和信心主动承担？（肯定 1 分，否定 0 分）
⑤ 当别人说不可能时，你是否会放弃？（肯定 0 分，否定 1 分）
⑥ 你完成任务的方法是否与他人不一样？（肯定 1 分，否定 0 分）
⑦ 在你完成任务时，领导针对任务问一些相关的信息，你是否总能回答上来？（肯定 1 分，否定 0 分）
⑧ 你是否能够立即行动，并且工作质量总能让领导满意？（肯定 1 分，否定 0 分）
⑨ 工作完成得好与不好，你是否很在意？（肯定 1 分，否定 0 分）
⑩ 对于做好了的工作，你能否很有条理地分析成功的原因和不足？（肯定 1 分，否定 0 分）

思考与练习

① 如何树立企业文化自信？
② 如何进行企业文化创新？
③ 在企业文化建设中应该如何弘扬劳模精神和工匠精神？
④ 新时代开展企业职能文化建设要注意什么问题？
⑤ 如何与世界一流企业文化对标？

学习情境测试题参考答案

学习情境一　讲述企业文化故事

测试：你的核心价值观到底是什么

这是一个著名的心理学实验，它表明，每个人心中都有一些自己最珍惜、最难以割舍的原则或理念。看看你最后手中所剩的几张卡片，写在上面的就是你的核心价值观，是你心灵栖息、安身立命之所在。

总而言之，我们的价值观，就像经济学家亚当·斯密所说的"看不见的手"，它在不知不觉中就决定了我们选择以什么样的方式度过一生。了解自己，发现自己，都说最难认识的人是自己，我们就应该好好去认识自己，从而做出改变，按照我们希望的样子来雕琢自己未来的模样。

学习情境二　调研企业物质文化

测试：别人眼中的你
评分标准
① A. 2；B. 4；C. 6
② A. 6；B. 4；C. 7；D. 2；E. 1
③ A. 4；B. 2；C. 5；D. 7；E. 6
④ A. 4；B. 6；C. 2；D. 1
⑤ A. 6；B. 4；C. 3；D. 5
⑥ A. 6；B. 4；C. 2
⑦ A. 6；B. 2；C. 4

⑧ A.6；B.7；C.5；D.4；E.3；F.2；G.1

⑨ A.7；B.6；C.4；D.2

⑩ A.4；B.2；C.3；D.5；E.6；F.1

低于 21 分：内向的悲观者

人们认为你害羞、神经质、优柔寡断、需要人照顾、永远要别人为你做决定。在他们眼中，你是一个杞人忧天者，一个永远看到不存在的问题的人，甚至有人认为你令人乏味，但只有那些深知你的人才知道，你不是这样的人。

21 分到 30 分：勤勉刻苦的挑剔者

你的朋友认为你勤勉刻苦、很挑剔，是一个谨慎的、十分小心的人，一个缓慢而稳定辛勤工作的人。如果你做任何冲动的事或无准备的事，都会令他们大吃一惊。他们认为你会从各个角度仔细地检查一切之后仍经常决定不做，这是你小心的天性所引起的。

31 分到 40 分：以牙还牙的自我保护者

别人认为你是明智、谨慎、注重实效的人，有天赋、有才干，而且谦虚。你不会很快、很容易和别人成为朋友，但是是一个对朋友非常忠诚的人，同时要求朋友对你也有忠诚的回报。要动摇你对朋友的信任是很难的，一旦这信任被破坏，会使你很难熬。

41 分到 50 分：平衡的中庸者

别人认为你有活力、有魅力、好玩、讲究实际、永远有趣，经常是人群注意力的焦点，但是你是一个足够平衡的人，不至于因此而昏了头。当然，别人也认为你亲切、和蔼、体贴、能谅解人，是一个永远会使人高兴起来并会帮助别人的人。

51 分到 60 分：吸引人的冒险家

别人认为你令人兴奋、高度活泼、相当易冲动，是一个天生的领袖、一个做决定很快的人，虽然你的决定不总是对的。你是大胆的，会愿意试做任何事，至少一次，是一个愿意尝试机会而欣赏冒险的人。因为你散发的冒险精神，他们喜欢跟你在一起。

60 分以上：傲慢的孤独者

别人认为对你必须"小心处理"。在别人的眼中，你是自负的、自我中心的、是个极端的有支配欲、统治欲的。别人可能钦佩你，希望能多像你一点，但不会永远相信你。会对与你更深入的来往有所踌躇和犹豫。世界本来就是层层嵌套，周而复始，不以任何个人意志而改变。

学习情境三　学唱企业歌曲

测试：测测你对礼仪规范的了解

①A；②A；③B；④B；⑤C；⑥A；⑦B；⑧C；⑨A；⑩A；⑪B；⑫B；⑬C；⑭A；⑮A；⑯A；⑰C；⑱B；⑲B；⑳B；㉑B；㉒A；㉓C；㉔C；㉕A；㉖A；㉗C；㉘A；㉙A；㉚B

学习情境四　设计企业广告

测试：测测你对工作的尽责度

A. 海岸边。此类人是讲究投资报酬率的人，会以最少的资本追求最高的利润，很有生意眼光，所以此类人会到海岸边去钓躲在岩缝里的小鱼，虽然体积不大，但是数量却很多。

B. 山谷的小溪。此类人对工作企划有一套，眼光远大，能安排好一个月以后的行程，只可惜做事太保守，缺乏主动性，不能专一地投入，不然为何贪恋山谷的美景，而不把全部心神投入在钓鱼上。

C. 坐船出海。工作狂热症的代表，就像坐船时乘风破浪的快感，此类人是一股脑儿的拼命，也就是说拼命起来没大脑，只能听指令行事，但是绝对不能让他循规蹈矩，因为他会急得脑溢血。

D. 人工鱼池。此类人只打有把握的仗，十足的现代人，有自信，会推销自己，商场上讲战术，头脑冷静，但是此类人有点儿锋芒毕露，容易为以后的失败埋下伏笔。

学习情境五　竞聘班组长

测试：测测你是否能够勇于承担责任

选择 A：说明你是一个勇于承担责任的人，但是在接受新的挑战之前，你还需要静下心来对自己的工作做一个客观的评估，如果看到一个好机会，就不假思索地欣然接受，那么最后你可能还要承担工作做不好的后果，所以在接受机会的同时，你必须冷静地进行分析，如果你想到了自己的劣势，并且在今后工作中努力完善自己，相信你一定会拥有一个美好的未来。

选择 B：说明你在仔细考虑后做出的决定，而且相对于你的现实情况而言，这一答案更为稳妥，不过既然领导这么信任你，肯定是在仔细分析过你的情况和考察了你的表现之后才做出决定的，所以为了在你将来的职业发展道路上获得更广阔的发展空间，不妨大胆一点，承担起这份责任。

选择 C：你要端正自己的心态了，因为这种想法是错误的，如果你仅仅因为薪水这个理由答应领导的提议，这种对于金钱的过度追求是不利于你的职业发展的，建议你先暂时抛开金钱对你的诱惑，仔细考虑一下领导的建议，如果你接受了，会面临哪些困难，完成工作会给你带来什么以及你自身的发展，想清楚以后再做决定，争取做一个勇于承担责任的优秀员工。

学习情境六　企业安全事故成因专题研讨

测试：看看你的责任感

10~15 分，你是一个非常有责任感的人，你行事谨慎，懂礼貌，为人可靠，并且相当诚实。

3~9 分，大多数情况下你都很有责任感，只是偶尔有些率性而为，没有考虑得很周到。

2 分以下，你是一个完全不负责任的人，有些朋友的父母可能会对你有成见，力劝儿女少跟你来往，你一次又一次地逃避责任，以致每个工作都干不长，手上的钱也老是不够用。

学习情境七　"有规矩能否成方圆"企业制度文化主题辩论

测试：对自己的执行力进行一次测试

评分标准：第⑦题、第⑪题，回答"是"扣 2 分，其余题回答"是"得 1 分。

结果分析：10 分以下，你做事儿往往拖拉，诸如一件工作，如果有他人替你去做，你简直对他感激不尽，你使人觉得难以信赖。与你共事会很疲惫，也许对你来说不做事儿才最逍遥，但在你拒绝做事或不负责任的时候，你也失去了一次成功的机会。

11~16 分，你的执行力一般，工作中你效率不高，但你也不会拖公司的后腿儿，也许你正在为自己有游刃职场的能力而沾沾自喜，这就是你最大的缺点。千万别以为"混同于世"就会一帆风顺，要想有良好的工作业绩，获得升迁的机会，你就要发挥自己的一切能力，埋头苦干。

17~18 分，你的执行力较好，你有较开阔的眼界与合理的知识结构，再加上你的果断与敬业，可以肯定的是，你是上司、同事们信赖的对象，如果辅以正确的执行方法，你肯定会有高的工作效率，能够取得较好的工作业绩。

学习情境八　扮演职场角色

测试：你工作的主动性怎样

评分标准：

题号	偏向于		
①	A. 0 分	B. 1 分	C. 2 分
②	A. 0 分	B. 1 分	C. 0 分
③	A. 2 分	B. 0 分	C. 1 分
④	A. 2 分	B. 0 分	C. 1 分
⑤	A. 0 分	B. 1 分	C. 2 分
⑥	A. 0 分	B. 1 分	C. 2 分
⑦	A. 0 分	B. 1 分	C. 2 分
⑧	A. 0 分	B. 2 分	C. 1 分
⑨	A. 2 分	B. 1 分	C. 0 分
⑩	A. 2 分	B. 0 分	C. 1 分

测试结果评价：15~20 分，自主性很强，自立自强，当机立断。11~14 分，自主性一般，对某些问题常常拿不定主意。0~10 分，自主性的依赖、随群、附和。

学习情境九　"学习企业模范人物"主题演讲

测试：看看你的忠诚度

答案：①×；②×；③√；④√；⑤×；⑥√；⑦√；⑧√；⑨√；⑩√

分析：A. 如果你的答案有 7 个以上与所给答案吻合，那么可以说你对公司是忠诚的。

B. 如果你的答案有 5~7 个与所给答案是吻合的，那你的忠诚度在 50%~70%之间，属于被动忠诚。

C. 如果你给的答案与所给答案的吻合低于 5 个，那你的忠诚度就低于 50%，你对公司的忠诚度很低。

学习情境十　策划企业文化活动

测试：你对工作充满热忱吗？

参考答案：

① 世界上不存在任何一个永远使你 high 的工作，真正能使你 high 起来的是你自己。

② 我觉得，从每一份工作中，自己都能获得很多，关键在于自己是否努力去发掘了这份工作的意义。

③ 任何一个工作在本质上都是一样的，都存在周而复始的重复，没有一份工作能逃避"重复"这两个字。

④ 任何一份工作，都是需要热情和活力的，没有一份工作例外，因为只有把热情和活力投入到工作中去，才会做出好的成绩。不管自己是哪个部门的一员，只有将自己的热情投入到工作之中去，才可以把工作做好，并在工作中享受快乐。

⑤ 虽然兴趣很重要，但兴趣都是易逝且能够培养的。我认为兴趣不能为我们提供永久的动力，动力更多来自一种责任，一种因熟悉而产生的眷恋，一种因已经取得成绩而坚持下去的信心。

⑥ 做一份工作，要把它做好，是一个长时间的过程。这与我们学任何一门手艺是一样的道理，没有时间的积累，不可能有大的成就。因此说，经常跳槽是不明智的行为，这样的人鲜有获得成功的。

⑦ 工作的平台期，就是在一个阶段，工作没有新的成绩产生，甚至有的时候会出现滑坡。

我认为遇到平台期，需要的首先是坚持的决心，与此同时，可以回顾自己已经取得的成绩，给自己以自我激励。当然，这也绝对不是一个盲目坚持的过程，随着情况的发展，自己的经验值也在不断上升，工作方式和态度也在不断地完善。（可以结合自己的实际来说明）

⑧ 我并不认为为了"薪水、安定和福利"而选择一份工作有什么不妥之处，其实，工作干得如何，不在于这个选择的本身，而在于进行了这样的选择后，紧跟着出现的对于工作的态度。

⑨ 我希望自己能够在一种积极向上、充满斗志的工作环境中工作。

工作环境不是一件很个人的事情，而是一件很公共的事情。尽管很多时候，一己之力不足以改变整个工作环境，但自己的举动是导致工作环境或成或败的因素之一，自己的工作环境如何，都与自己难脱干系。

⑩ 要选择积极、向上的话语，有一句一直备受推崇：工作——施展自己的舞台！

专家点评：

人总是想做点自己想做的事情，不愿意受外力的影响过大。但是人这一辈子不可能只做自己喜欢做的事情，所以我们就必须学会怎样从我们并不喜欢的事务中寻找到乐趣。

谁都希望自己能够有一份称心如意的工作，都希望能够在这份工作中使自己的才能得到施展。我们一直认为只有称心如意的工作才能够给我们带来成就感和满足感，才能够使我们获得快乐。我们忽视了给我们带来快乐的其实并不是如何优越的一份工作,而是在于我们对于这份工作的态度。我们对一份工作感到厌烦,可能就会闷闷不乐,无精打采地过每一天,恨不得时间过得快些,好让自己从这种无聊的痛苦中解脱出来;我们对一份工作充满了热情,就会带着阳光,带着幽默,带着愉快的心情去上班,觉得眼前的一切都是那么舒适和亲切。其实,对于任何一份工作,我们都可以拿出截然相反的两种态度。关键在于我们是否意识到:既然我们要在这里进行一天的工作,那么我们为什么不能让自己快乐地去工作,而偏偏要选择愁眉苦脸地打发时间呢?

选择工作的态度在本质上是一种变革:开始尝试着对自己原本不喜欢的事情感兴趣;开始努力从原本认为枯燥乏味的工作中去寻找激情和动力;开始试着向原本和自己"不对路"的人微笑,一起努力合作把工作做好;开始从以前懈怠的、吊儿郎当的工作状态中走出来,开始认真地对待工作。这些在根本上就是一种变革,是对自己已形成的习惯的一种挑战。

学习情境十一 "铁人"电影观后感

测试:测测你的敬业精神

得分 40 分以下,敬业度很低。得分 40~60 分,敬业度一般。得分 60~80 分,敬业度上等。得分 80 分以上,敬业度优异。

学习情境十二 建立企业理念体系

测试:内控力测评

评分标准:

题号		偏向于	
①	A. 0 分	B. 2 分	C. 1 分
②	A. 2 分	B. 1 分	C. 0 分
③	A. 1 分	B. 0 分	C. 2 分
④	A. 0 分	B. 2 分	C. 1 分
⑤	A. 1 分	B. 2 分	C. 0 分
⑥	A. 2 分	B. 0 分	C. 1 分
⑦	A. 2 分	B. 0 分	C. 1 分
⑧	A. 1 分	B. 0 分	C. 2 分
⑨	A. 0 分	B. 2 分	C. 1 分
⑩	A. 1 分	B. 0 分	C. 2 分
⑪	A. 0 分	B. 2 分	C. 1 分
⑫	A. 0 分	B. 1 分	C. 2 分

请您统计出最终得分:_____

16~24 分:高内控力;9~15 分:中内控力;0~8 分:低内控力(不太适合做管理者)。

学习情境十三　企业道德案例评析

测试：测测你的成功商数等级

在以上的 82 个问题中，有 21 个问题应画"×"。它们是㉓、㉔、㉗、㉛、㉝、㉟、㊱、㊴、㊵、㊺、㊿、52、53、57、60、62、67、72、80。其余 61 个题都应画"√"。答对了的题，每题得 4 分，反之不得分。根据得分，即可测评出你的成功商数等级：

0~104 分极差；108~202 分较差；206~282 分一般；286~314 分优良；318~324 分极优。

亲爱的朋友，请将自己所得总分计算，并划出自己商数等级。如果你是抱着对自己未来负责，以真实、翔实的态度做完这份试卷，至少此时此刻，你觉醒到你与未来的成功人生的目标的距离。当然，成功商数的测定，是一种方向，一种指导，还不能完全断定你是否具备了追求成功人生的能力。因为天生的获得成功人生的天才是没有的，一切都要靠你自己的不懈拼搏。你的路就在你的脚下，只要你能指引你的思想，控制你的情绪，加上果断的行动，只要你能努力付诸实践，成功一定属于你。

学习情境十四　聚焦企业文化热点

测试：创新能力测试

测试题 1 评分标准：

题号	"是"评分	"不确定"评分	"否"评分
①	−1	0	2
②	0	1	4
③	0	1	2
④	4	0	−2
⑤	−1	0	2
⑥	3	0	−1
⑦	2	1	0
⑧	0	1	2
⑨	0	1	3
⑩	0	1	2

评价：得分 22 分以上，则说明被测试者有较高的创造思维能力，适合从事环境较为自由，没有太多约束，对创新性有较高要求的职位，如美编、装潢设计、工程设计、软件编程人员等。

得分 21~11 分，则说明被测试者善于在创造性与习惯做法之间找出均衡，具有一定的创新意识，适合从事管理工作，也适合从事其他许多与人打交道的工作，如市场营销等。

得分 10 分以下，则说明被测试者缺乏创新思维能力，属于循规蹈矩的人，做事总是有板有眼，一丝不苟，适合从事对纪律性要求较高的职位，如会计、质量监督员等。

测试题 2 评价：如果 20 道题答案都是打"√"的，则证明创造力很强；如果有 16 道题答案是打"√"的，则证明创造力良好；如果有 10~13 题答案是打"√"的，则证明创造力一般；如果低于 10 道题答案是打"√"的，则证明创造力较差。

测试题 3 评价：如果被测试者能够得 10 分，就很棒了；能够得 7 分以上则过得去；如果低于 7 分，就不尽如人意了；如是低于 5 分，被测试者简直就是一个木头人。

总结：综合上述三个维度的测试，如果测试结果显示你创新能力很好，请你继续保持好奇心和创造力，你将会用更好的方式优化你的工作和生活，这将对你大有裨益。如果测试结果显示你创新能力尚有不足，请你注意创新能力的培养，不断思考工作方法上另外一种可能性，不断从成功创新案例中汲取思想和经验，不断突破思维局限，你的创新力将不断提高。

附录1

关于加强中央企业企业文化建设的指导意见

各中央企业：

为深入贯彻"三个代表"重要思想和党的十六大精神，认真落实以人为本，全面、协调、可持续的科学发展观，充分发挥企业文化在提高企业管理水平、增强核心竞争能力、促进中央企业改革发展中的积极作用，现就加强和推进中央企业企业文化建设提出如下意见。

一、企业文化建设的重要意义、指导思想、总体目标与基本内容

1. 加强企业文化建设的重要性和紧迫性。当前，世界多极化和经济全球化趋势在曲折中发展，科技进步日新月异，综合国力竞争日趋激烈。文化与经济和政治相互交融，文化的交流与传播日益频繁，各种思想文化相互激荡，员工思想空前活跃。深化改革、扩大开放和完善社会主义市场经济体制的新形势，使中央企业既面临良好的发展机遇，又面对跨国公司和国内各类企业的双重竞争压力，迫切需要提高企业管理水平和提升企业竞争能力。先进的企业文化是企业持续发展的精神支柱和动力源泉，是企业核心竞争力的重要组成部分。建设先进的企业文化，是加强党的执政能力建设，大力发展社会主义先进文化、构建社会主义和谐社会的重要组成部分；是企业深化改革、加快发展、做强做大的迫切需要；是发挥党的政治优势、建设高素质员工队伍、促进人的全面发展的必然选择；是企业提高管理水平、增强凝聚力和打造核心竞争力的战略举措。中央企业大多是关系国民经济命脉和国家安全，在重要行业和关键领域占支配地位的国有重要骨干企业，肩负着弘扬民族精神、促进经济发展、推动社会进步的重任。中央企业必须坚持以"三个代表"重要思想、党的十六大和十六届三中、四中全会精神为指导，在提高效益、促进发展的同时，在建设先进企业文化中发挥示范和主导作用，为发展社会主义先进文化，全面建设小康社会做出应有的贡献。

中央企业在长期发展实践过程中，积累了丰厚的文化底蕴，形成了反映时代要求、各具特色的企业文化，在培育企业精神、提炼经营理念、推动制度创新、塑造企业形象、提高员工素质等方面进行了广泛的探索，取得了丰硕的成果。但是，中央企业的企业文化建设工作发展还不够平衡，有的企业对企业文化建设的重要性认识不足，企业文化建设的目标和指导思想不够明确，片面追求表层与形式而忽视企业精神内涵的提炼和相关制度的完善，企业文化建设与企业发展战略和经营管理存在脱节现象，缺乏常抓不懈的机制等。因此，中央企业的企业文化建设亟须进一步加强和规范。

2. 企业文化建设的指导思想：以邓小平理论和"三个代表"重要思想为指导，贯彻落实党的路线、方针、政策，牢固树立以人为本，全面、协调、可持续的科学发展观，在弘扬中华民族优秀传统文化和继承中央企业优良传统的基础上，积极吸收借鉴国内外现代管理和企业文化的优秀成果，制度创新与观念更新相结合，以爱国奉献为追求，以促进发展为宗旨，以诚信经营为基石，以人本管理为核心，以学习创新为动力，努力建设符合社会主义先进文化前进方向，具有鲜明时代特征、丰富管理内涵和各具特色的企业文化，促进中央企业的持续快速协调健康发展，为发展壮大国有经济，全面建设小康社会做出新贡献。

3. 企业文化建设的总体目标：力争用三年左右的时间，基本建立起适应世界经济发展趋势和我国社会主义市场经济发展要求，遵循文化发展规律，符合企业发展战略，反映企业特色的企业文化体系。通过企业文化的创新和建设，内强企业素质，外塑企业形象，增强企业凝聚力，提高企业竞争力，实现企业文化与企业发展战略的和谐统一，企业发展与员工发展的和谐统一，企业文化优势与竞争优势的和谐统一，为中央企业的改革、发展、稳定提供强有力的文化支撑。

4. 企业文化建设的基本内容：企业文化是一个企业在发展过程中形成的以企业精神和经营管理理念为核心，凝聚、激励企业各级经营管理者和员工归属感、积极性、创造性的人本管理理论，是企业的灵魂和精神支柱。企业文化建设主要包括总结、提炼和培育鲜明的企业核心价值观和企业精神，体现爱国主义、集体主义和社会主义市场经济的基本要求，构筑中央企业之魂；结合企业经营发展战略，提炼各具特色、充满生机而又符合企业实际的企业经营管理理念，形成以诚信为核心的企业道德，依法经营，规避风险，推动企业沿着正确的方向不断提高经营水平；进一步完善相关管理制度，寓文化理念于制度之中，规范员工行为，提高管理效能；加强思想道德建设，提高员工综合素质，培育"四有"员工队伍，促进人的全面发展；建立企业标识体系，加强企业文化设施建设，美化工作生活环境，提高产品、服务质量，打造企业品牌，提升企业的知名度、信誉度和美誉度，树立企业良好的公众形象；按照现代企业制度的要求，构建协调有力的领导体制和运行机制，不断提高企业文化建设水平。

二、企业文化建设的组织实施

5. 企业文化建设的工作思路。要站在时代发展前沿，认真分析企业面临的客观形势与发展趋势，以宽广的眼界和与时俱进的精神，面向世界、面向未来、面向现代化，以提升企业竞争力和提高经济效益为中心，确保国有资产保值增值和促进员工全面发展，将企业文化建设纳入企业发展战略，作为企业经营管理的重要组成部分，与党的建设、思想政治工作和精神文明建设等相关工作有机结合，加强领导，全员参与，统筹规划，重点推进，既体现先进性，又体现可操作性，注重在继承、借鉴中创新，在创新、完善中提高。

6. 企业文化建设的规划。根据本企业的行业特征和自身特点，确定企业的使命、愿景和发展战略；总结本企业多年形成的优良传统，挖掘企业文化底蕴，了解企业文化现状，在广泛调研、充分论证的基础上，制订符合企业实际、科学合理、便于操作、长远目标与阶段性目标相结合的企业文化建设规划。在制订规划时要着眼于企业文化的长远发展，避免走过场。在实施过程中必须与时俱进，常抓常新，随着企业内外部环境的变化，及时对企业文化建设的具体内容和项目进行充实和完善，促进企业文化的巩固与发展。

7. 企业文化建设的实施步骤。要根据企业文化建设的总体规划，制订工作计划和目标；深入进行调查研究，根据企业实际，找准切入点和工作重点，确定企业文化建设项目；提炼企业精神、核心价值观和经营管理理念，进一步完善企业规章制度，优化企业内部环境，导入视觉识别系统，进行企业文化建设项目的具体设计；采取学习培训、媒体传播等多种宣传方式，持续不断地对员工进行教育熏陶，使全体员工认知、认同和接受企业精神、经营理念、价值观念，并养成良好的自律意识和行为习惯；在一定时间内对企业文化建设进行总结评估，及时修正，巩固提高，促进企业文化的创新。各中央企业可结合本企业实际，确定企业文化建设的具体步骤。

8. 企业文化载体与队伍建设。要进一步整合企业文化资源，完善职工培训中心、企业新闻媒体、传统教育基地、职工文化体育场所、图书馆等企业文化设施。创新企业文化建设手段，丰富和优化企业文化载体设计，注重利用互联网络等新型传媒和企业报刊、广播、闭路电视等媒体，提供健康有益的文化产品，提高员工文化素养，扩大企业文化建设的有效覆盖面。重视和加强对摄影、书法、美术、文学、体育等各种业余文化社团的管理引导，组织开展健康向上、特色鲜明、形式多样的群众性业余文化活动，传播科学知识，弘扬科学精神，提高广大员工识别和抵制腐朽思想、封建迷信、伪科学的能力，营造健康、祥和、温馨的文化氛围，满足员工求知、求美、求乐的精神文化需求。注意培养企业文化建设的各类人才，加强引导和培训，建立激励机制，充分发挥他们在企业文化建设中的骨干带头作用。注重发挥有关职能部门和工会、共青团、妇女组织的作用，形成企业文化建设的合力，依靠全体员工的广泛参与，保持企业文化旺盛的生机与活力。

三、企业文化建设的基本要求

9. 以人为本，全员参与。要牢固树立以人为本的思想，坚持全心全意依靠职工群众办企业的方针，尊重劳动、尊重知识、尊重人才、尊重创造，用美好的愿景鼓舞人，用宏伟的事业凝聚人，用科学的机制激励人，用优美的环境熏陶人。搭建员工发展平台，提供员工发展机会，开发人力资源，挖掘员工潜能，增强员工的主人翁意识和社会责任感，激发员工的积极性、创造性和团队精神，达到员工价值体现与企业蓬勃发展的有机统一。坚持为增强综合国力做贡献，为社会提供优质商品和优良服务，妥善处理各方面的利益关系，实现报效祖国、服务社会、回报股东、关爱员工的和谐一致。

在企业文化建设过程中，要坚持把领导者的主导作用与全体员工的主体作用紧密结合。尊重群众的首创精神，在统一领导下，有步骤地发动员工广泛参与，从基层文化抓起，集思广益，群策群力，全员共建。努力使广大员工在主动参与中了解企业文化建设的内容，认同企业的核心理念，形成上下同心、共谋发展的良好氛围。

10. 务求实效，促进发展。在企业文化建设中，要求真务实，重实际、办实事、求实效，反对形式主义，避免急功近利，使企业文化建设经得起历史和实践的检验。要立足企业实际，符合企业定位，将企业文化建设与生产经营管理紧密结合，企业文化的创新与企业改革的深化紧密结合，按照系统、科学、实用的要求，创建特色鲜明的企业文化体系。要坚持把发展作为第一要务，牢固树立抓住机遇、加快发展的战略思想，围绕中心、服务大局，开拓发展思路，丰富发展内涵。要落实科学发展观，把物质文明、政治文明和精神文明统一起来，既追求经济效益的增长，又注重社会效益的提高，实现政治上和谐稳定，经济上持续增长，文化上不断进步，切实保障员工合法权益，促进经济效益、社会效益、员工利益的协调发展。

11. 重在建设，突出特色。要制订切实可行的企业文化建设方案，借助必要的载体和抓手，系统思考，重点突破，着力抓好企业文化观念、制度和物质三个层面的建设。要把学习、改革、创新作为企业的核心理念，大力营造全员学习、终身学习的浓厚氛围，积极创建学习型企业、学习型团队。围绕企业深化改革的重点和难点，鼓励大胆探索、勇于实践，坚决破除一切妨碍发展的观念和体制机制弊端，增强企业活力，提高基层实力。注重把文化理念融入具体的规章制度中，渗透到相关管理环节，建立科学、规范的内部管理体系。并采取相应的奖惩措施，在激励约束中实现价值导向，引导和规范员工行为。要从企业特定的外部环境和内部条件出发，把共性和个性、一般和个别有机地结合起来，总结出本企业的优良传统和经营风格，在企业精神提炼、理念概括、实践方式上体现出鲜明的特色，形成既具有时代特征又独具魅力的企业文化。

大型企业集团要处理好集团文化与下属企业文化的关系，注重在坚持共性的前提下体现个性化。要以统一的企业精神、核心理念、价值观念和企业标识规范集团文化，保持集团内部文化的统一性，增强集团的凝聚力、向心力，树立集团的整体形象。同时允许下属企业在统一性指导下培育和创造特色文化，为下属企业留有展示个性的空间。在企业兼并重组和改制的过程中，要采取多种有效措施，促进文化融合，减少文化冲突，求同存异，优势互补，实现企业文化的平稳对接，促进企业文化的整合与再造，推动兼并、重组、改制企业的创新发展。

12. 继承创新，博采众长。要注意继承发扬中华民族的优秀传统文化，挖掘整理本企业长期形成的宝贵的文化资源，并适应社会主义市场经济的需要，用发展的观点和创新的思维对原有的企业精神、经营理念进行整合和提炼，赋予新的时代内涵，在继承中创新、在弘扬中升华。要将弘扬中华优秀传统文化与借鉴国外先进文化相结合，一方面从当代中国国情和中央企业实际出发，正确制定和调整企业文化战略，充分体现民族精神、优秀传统文化的精髓和中央企业的特点，有效抵御外来文化的消极影响，避免照抄照搬；另一方面要紧紧把握先进文化的前进方向，以开放、学习、兼容、整合的态度，坚持以我为主、博采众长、融合创新、自成一家的方针，广泛借鉴国外先进企业的优秀文化成果，大胆吸取世界新文化、新思想、新观念中的先进内容，取其精华，去其糟粕，扬长避短，为我所用。在开展国际合作业务的过程中，要注意学习和借鉴合作方的先进文化，尊重文化差异，增进文化沟通，注重取长补短，促进共同发展。

13. 深度融合，优势互补。企业文化来源于企业实践又服务于企业实践，使企业的经营管理活动更富思想性和人性化，更具时代特色和人文精神。要强化企业文化建设在企业经营管理中的地位，发挥企业文化的作用，促进企业文化与企业战略、市场营销和人力资源管理等经营管理工作的深度融合，把全体员工认同的文化理念用制度规定下来，渗透到企业经营管理的全过程。在管理方法上要注意强调民主管理、自主管理和人本管理，在管理方式上要使员工既有价值观的导向，又有制度化的约束，制度标准与价值准则协调同步，激励约束与文化导向优势互补，通过加强企业文化建设，不断提高经营管理水平。

14. 有机结合，相融共进。要通过企业文化建设，不断改进和创新思想政治工作的方式方法，提高思想政治工作的针对性、实效性和时代感，增强思想政治工作的说服力和感召力，促进思想政治工作与企业生产经营管理的有机结合。避免把企业文化建设与思想政治工作割裂开来。加强理想信念教育，弘扬以爱国主义为核心的民族精神和以改革创新为核心的时代精神，弘扬集体主义、社会主义思想，使中央企业广大员工始终保持昂扬向上的精神风貌。发掘思想政治工作的资源优势，既鼓励先进又照顾多数，既统一思想又尊重差异，既解决思想问题又解决实际问题，营造良好的思想文化环境。

要把企业文化建设与精神文明建设有机结合起来，用社会主义的意识形态和价值取向牢固占领中央企业文化主阵地，通过良好的文化养成，不断提升员工整体素质。坚持依法治企和以德治企相结合，加强员工思想道德建设，倡导公民道德规范，深入开展诚信教育，引导员工恪守社会公德、职业道德和家庭美德，自觉抵制各种错误思潮和腐朽思想文化的侵蚀。按照贴近实际、贴近生活、贴近群众的原则，创新内容、形式和手段，广泛开展各类群众性精神文明创建活动，大力选树与宣传企业先进典型和英模人物，营造团结进取的企业氛围和健康向上的社会风气，展示中央企业的良好形象。

四、加强对企业文化建设的领导

15. 企业领导要高度重视和积极抓好企业文化建设。企业领导要站在促进企业长远发展的战略高度重视企业文化建设，对企业文化建设进行系统思考，出思想、出思路、出对策，确定本企业企业文化建设的目标和内容，提出正确的经营管理理念，并身体力行，率先垂范，带领全体员工通过企业文化建设不断提高企业核心竞争能力，促进企业持续快速协调健康发展。

16. 建立和健全企业文化建设的领导体制。建设先进的企业文化是企业党政领导的共同职责，要把企业文化建设作为一项重要的工作纳入议事日程，与其他工作同部署、同检查、同考核、同奖惩。企业文化建设的领导体制要与现代企业制度和法人治理结构相适应，发挥好党委（党组）、董事会和主要经营者在企业文化建设中的决策作用。各企业要明确企业文化建设的主管部门，安排专（兼）职人员负责此项工作，形成企业文化主管部门负责组织、各职能部门分工落实、员工广泛参与的工作体系。在企业文化建设过程中，要注意发挥基层党组织和群众组织的作用，广大党员要做好表率，带领全体员工积极投身企业文化建设。

17. 完善企业文化建设的运行机制。要建立企业文化建设的长效管理机制，包括建立科学的管理制度、完善的教育体系以及制定严格的绩效评估办法。要明确工作职责，建立分工负责、关系协调的企业文化建设责任体系，保证企业文化建设工作的顺畅运行。要建立考核评价和激励机制，定期对企业文化建设的成效进行考评和奖惩。要建立保障机制，设立企业文化建设专项经费并纳入企业预算。加大企业文化建设软硬件投入，为企业文化建设提供必要的资金支持和物质保障。

18. 加强对企业文化建设的指导。国资委要加强对中央企业企业文化建设的指导，针对中央企业的不同情况进行专题调研，不断总结和推广中央企业开展企业文化建设的先进经验，用丰富鲜活的案例启发、引导企业开展企业文化建设。要定期组织企业经营管理者和企业文化建设专职人员的培训，帮助他们掌握企业文化专业知识。要加强企业文化的理论研究与实践研究，认真探索企业文化建设的理论体系、操作方法和客观规律，搞好分类指导。各中央企业要加强对基层单位企业文化建设的领导，定期开展检查，促进基层单位企业文化建设的规范有序进行。企业文化建设是一项长期的任务，是一个逐步形成和发展的过程，各中央企业要加强实践探索，逐步完善提高，推动企业文化建设的深入开展。

国务院国有资产监督管理委员会
二〇〇五年三月十六日

附录2

XX电子设备公司企业文化量表

××××年××月

一、基本情况（请在您认为合适的选项前画"√"）

1. 性别：
A. 男　　　　B. 女
2. 年龄：
A. 20~25 岁　B. 26~30 岁　C. 31~35 岁　D. 36~45 岁　E. 45 岁以上
3. 文化程度：
A. 高中以下　B. 高中和中专　C. 大专
D. 本科　　　E. 研究生和研究生以上
4. 工作类别：
A. 营销人员　B. 研发人员　C. 一般管理人员
D. 财务人员　E. 后勤服务人员　F. 生产人员
5. 在公司的时间：
A. 1~2 年　　B. 3~5 年　　C. 6~10 年　　D. 11~15 年　　E. 15 年以上
6. 专业技术职称：
A. 高级　　　B. 中级　　　C. 初级　　　D. 其他

二、请回答下列各项问题（每个问题都反映出您所在组织的某种状况的真实程度）

序号	问题	极不同意	不同意	部分同意	同意	非常同意
1	公司鼓励员工创新发明，并给予适当的支持与奖励。	1	2	3	4	5

续表

序号	问题	极不同意	不同意	部分同意	同意	非常同意
2	在公司里，团队合作的意识强，人们相互之间能够理解支持。	1	2	3	4	5
3	在公司里，人们对自己的工作都高度负责。	1	2	3	4	5
4	在公司里，个人或团队有权根据需要修改他们的目标。	1	2	3	4	5
5	在公司里，不同部门之间的交流充分，彼此协作。	1	2	3	4	5
6	在公司里，员工素质的开发被视为企业竞争力的重要内容。	1	2	3	4	5
7	在公司里，员工一视同仁，相互平等，相互尊重。	1	2	3	4	5
8	在公司里，收入差距能够很好地反映出业绩水平的高低。	1	2	3	4	5
9	在公司里，鼓励员工把顾客的观点融入工作决策中。	1	2	3	4	5
10	在公司里，人们重视权威，遵从权威人物的领导。	1	2	3	4	5
11	在公司里，人们重视人情关系，甚至不惜破坏制度。	1	2	3	4	5
12	在公司里，人们重视对历史传统的维护。	1	2	3	4	5
13	在公司里，具有冒险精神的员工能够得到上司的赏识。	1	2	3	4	5
14	在公司里，强调客观标准，习惯用数据和事实说话。	1	2	3	4	5
15	在公司里，赏罚公正公平，很少有幕后操作现象。	1	2	3	4	5
16	在公司里，制度规范建设完善，人们习惯按照制度办事。	1	2	3	4	5
17	在公司里，以市场需求为导向的观念深入人心。	1	2	3	4	5
18	在公司里，人们认为长远的成功比短期行为更重要。	1	2	3	4	5
19	在公司里，人们相信"行胜于言"，反对浮夸和表面文章。	1	2	3	4	5
20	在公司里，上级能充分考虑下属的观点和建议。	1	2	3	4	5
21	在公司里，人们重视和谐的人际关系建设，抵制小帮派。	1	2	3	4	5
22	在公司里，人们认为顾客满意是产品和服务的最终评价标准。	1	2	3	4	5
23	在公司里，与个人品德相比，工作能力是人们最看中的因素。	1	2	3	4	5
24	在公司里，无视企业价值观的行为将会受到指责。	1	2	3	4	5
25	在公司里，发生工作冲突时人们会去寻找双赢的解决方案。	1	2	3	4	5
26	在公司里，鼓励员工从自身及他人的经验教训中学习。	1	2	3	4	5
27	在公司里，企业精神和宗旨深入人心，并变成员工的行动。	1	2	3	4	5
28	在公司里，人们清楚企业未来的发展前景。	1	2	3	4	5

续表

序号	问题	极不同意	不同意	部分同意	同意	非常同意
29	在公司里，领导者能够率先垂范，积极倡导企业精神和宗旨。	1	2	3	4	5
30	在追求利润的同时，公司重视自己的社会责任和企业形象。	1	2	3	4	5
31	在公司里，人们把学习作为日常工作的一项重要内容。	1	2	3	4	5
32	在公司里，鼓励员工从全局和整体的角度考虑问题。	1	2	3	4	5

三、请简要回答下面三个问题

1. 您认为在公司里，人们最提倡的观念和行为有哪些？
2. 您认为在公司里，人们最反感的观念和行为有哪些？
3. 您认为公司在管理中存在哪些弊端？请您谈谈您的改进建议。

附录3

海尔、联想、TCL企业文化对比表

项目	海尔	联想	TCL
核心价值观	是非观——以用户为是，以自己为非 发展观——创业精神和创新精神 利益观——人单合一双赢	服务客户、精准求实、诚信共享、创业创新	诚信尽责、公平公正、变革创新、知行合一、整体至上
企业精神	敬业报国 追求卓越	求实进取	敬业、诚信、团队、创新
企业作风	迅速反应 马上行动	认真、严格、主动、高效	全力以赴不一定能成功，不全力以赴一定不能成功
企业使命	成为行业主导，用户首选的第一竞争力的美好住居生活解决方案服务商	为客户、为股东、为社会、为员工	为顾客创造价值，为员工创造机会，为社会创造效益
企业愿景	成为全球白电行业的规则制定和引领者、由制造业向服务业转型的典范、全流程用户体验驱动的虚实网融合领先者，创造世界级品牌	高科技的联想、服务的联想、国际化的联想	成为受人尊敬和最具创新能力的全球领先企业

附录3 海尔、联想、TCL企业文化对比表

续表

项目	海尔	联想	TCL
企业之道	"海尔之道"即创新之道，其内涵是：打造产生一流人才的机制和平台，由此持续不断地为客户创造价值，进而形成人单合一的双赢文化。同时，海尔致力于打造基业长青的百年企业，一个企业能走多远，取决于适合企业自己的价值观，这是企业战略落地，抵御诱惑的基石	联想之道："说到做到，尽职尽责" 说到做到：做事——慎承诺，重兑现，"服务客户""精准求实"；遵守联想企业文化的要求，比如"做事三准则" 尽职尽责：做人——对企业忠诚、为企业发展尽心尽力，"诚信共享""创业创新"	TCL之道是"大道无术""大刀阔斧"。体现在：经营观念的及时换；建立一个符合市场要求的经营体制和管理机制；成功地利用外资发展自己，利用外资创自己的品牌；不断地吸引优秀的人才加盟公司，共图发展
经营理念	企业现代化、市场全球化、经营规模化	让用户用得更好	研制最好产品、提供最好服务、创建最好品牌
文化特色	执行力强，其高层决策基本可以不走样地落实到最基层	"亲情文化"，联想是没有家族的家族企业	"鹰文化"，内部企业家精神，TCL受广东文化的影响，市场意识、业绩导向非常明显

参考文献

[1] 杨刚. 现代企业文化学. 北京：对外经济贸易大学出版社，2007.

[2] 张德. 企业文化. 北京：清华大学出版社，2007.

[3] 王淑桢. 职业观与职业道德. 北京：高等教育出版社，2009.

[4] 刘光明. 企业文化. 北京：经济管理出版社，2004.

[5] 王吉鹏. 企业文化建设：厘定企业文化落地的方法和路径. 北京：中国发展出版社，2008.

[6] 魏杰. 企业文化塑造：企业生命常青藤. 北京：中国发展出版社，2002.

[7] 郭克莎. 企业文化世界名著解读. 广州：广东经济出版社，2003.

[8] 廖代月. 企业文化实践. 北京：北京理工大学出版社，2010.

[9] 朱成全. 企业文化概论. 大连：东北财经大学出版社，2005.

[10] 陈亭楠. 现代企业文化. 北京：企业管理出版社，2003.

[11] 黎群. 企业文化建设100问. 北京：经济科学出版社，2004.

[12] 周锐. 培养员工品质的100个拓展训练. 北京：中国经济出版社，2010.

[13] 王吉鹏. 企业文化建设：从文化建设到文化管理. 北京：企业管理出版社，2010.

[14] 王曼. 企业创新文化建设. 北京：化学工业出版社，2010.

[15] 王家夫. 知与行——十年高职教育探索与实践. 沈阳：辽宁大学出版社，2013.

[16] 马永强. 轻松落地企业文化:白金版. 北京：北京时代华文书局，2016.

[17] 王吉鹏. 企业文化重构. 北京：中国财富出版社，2016.

[18] 杨月坤. 企业文化. 北京：人民邮电出版社，2017.

[19] 杨少龙. 企业文化与企业安全教程. 北京：北京理工大学出版社，2017.

[20] 索晓伟. 企业文化的塑造. 长春：吉林文史出版社，2017.

[21] 王旭东，孙科柳. 企业文化落地：路径、方法与标杆实践. 北京：电子工业出版社，2020.

[22] 李世杰，高健，孙新波. 企业文化理论与实务. 北京：高等教育出版社，2020.

[23] 黄少英. 企业文化. 北京：经济科学出版社，2020.

[24] 华锐. 新时代中国企业文化. 北京：企业管理出版社，2020.